Francesco Maglione

Grafemi & Strutture Tonali

Copyright

Titolo: GRAFEMI & STRUTTURE TONALI

Autore: Francesco Maglione

© 2011 Francesco Maglione

ISBN: 9788890612657

PUBLISHER : XERIOS

Cover image: *onirico*©*Francesco Maglione*

URL : www.xamata.it

Address:
Maglione Francesco, P.O. BOX, n.68
83046 Lacedonia, Av, Italy

TUTTI I DIRITTI RISERVATI.
La riproduzione, anche parziale, con qualsiasi mezzo non è consentita senza la preventiva autorizzazione scritta dell'autore

Tutelato dalla SIAE

PRESENTAZIONE

L'idea di fondo è riuscire a sintetizzare e fissare in immagine,

un astrattismo che andando al di là delle varie tecniche e filosofie

artistiche contemporanee, modella una concettualità, ormai libera

da defunti miti settoriali, tesa a penetrare nella dimensione "uomo"

cercando di ripercorrerne il cammino attraverso il processo evolutivo

pilotato dalle forze del bene e del male.

Quindi grande attenzione a ciò che gli succede dentro e attorno

nell'invisibile immaginario - anime, angeli, demoni, dimensioni parallele,

sensazioni e sentimenti - visualizzandolo con una grafica tesa a rendere

la realtà immaginifica in essenze surreali di pura energia.

Il tutto, realizzato con tecniche fotografiche ed informatiche,

attua valori figurativi che attraverso grafemi e strutture tonali invitano

i visitatori della mostra ad interagire attivamente con le immagini

Cenni biografici

Francesco Gerardo Maglione
• Nato a Lacedonia (Avellino) il 5 giugno 1953
• Laureato in Materie Letterarie presso l'Università di Salerno
• Docente di Materie Letterarie presso le locali scuole statali

ATTIVITA' FOTOGRAFICA
• Mostre fotografiche ,riconoscimenti e pubblicazione volumi di fotografia.

ATTIVITA' TECNICO SCIENTIFICA
L'attività di ricerca trentennale,riguarda soprattutto lo studio delle strutture fisiche dei componenti elettronici a semiconduttore, finalizzato alla realizzazione ,impiegando opportune topologie circuitali, di amplificatori audio caratterizzati da un elevato tasso di neutralità.

La passione per la fotografia costrinse allo studio della chimica fotografica e consentì. d'inserire sul mercato mondiale un kit di sviluppo per il B/N ,innovativo, operante in modo indipendente dal tempo e dalla temperatura.

Traccia di tale attività la si ritrova in chiaro sulle più importanti riviste del settore multimediale,quali: CHITARRE,STRUMENTI MUSICALI,FUTURA MUSIC,FARE MUSICA,FOTOGRAFARE,REFLEX,IL FOTOGRAFO,FOTONOTIZIARIO,ecc.;in parte depositata sul sito http://www.h-e.it

Pubblicazioni:
-ANARCHIA CRISTIANA ISBN: 978-88-906126-1-9
-Progetto immagine "MISTICISMO CONTEMPORANEO",ISBN: 9788890392221

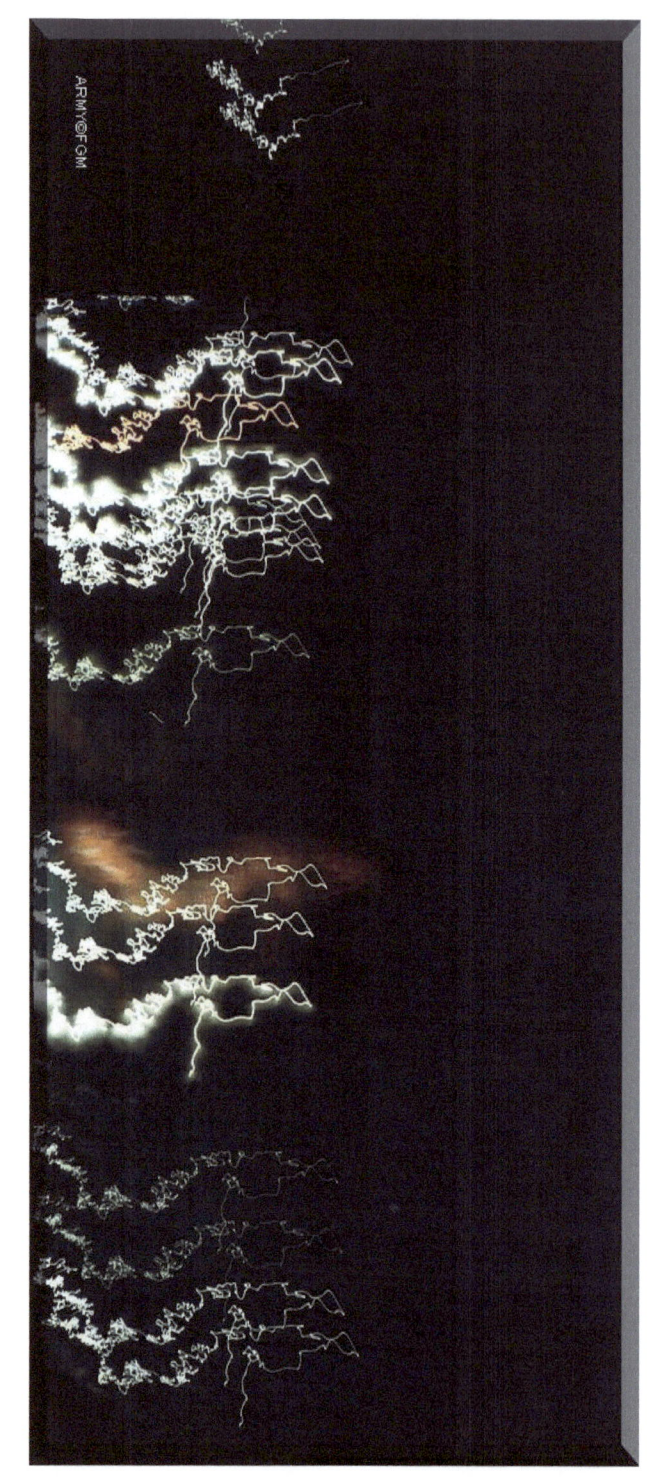

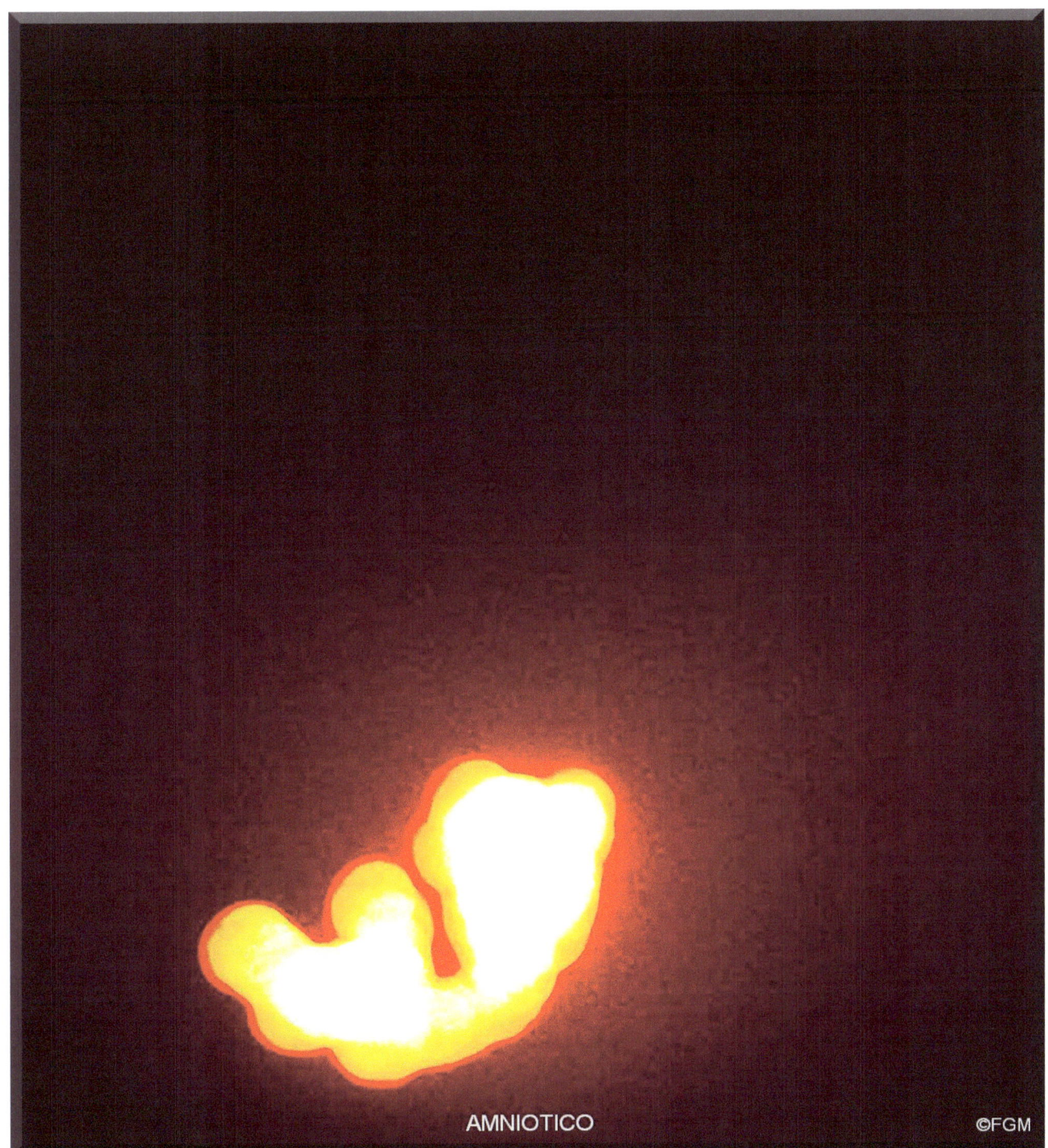

AMNIOTICO

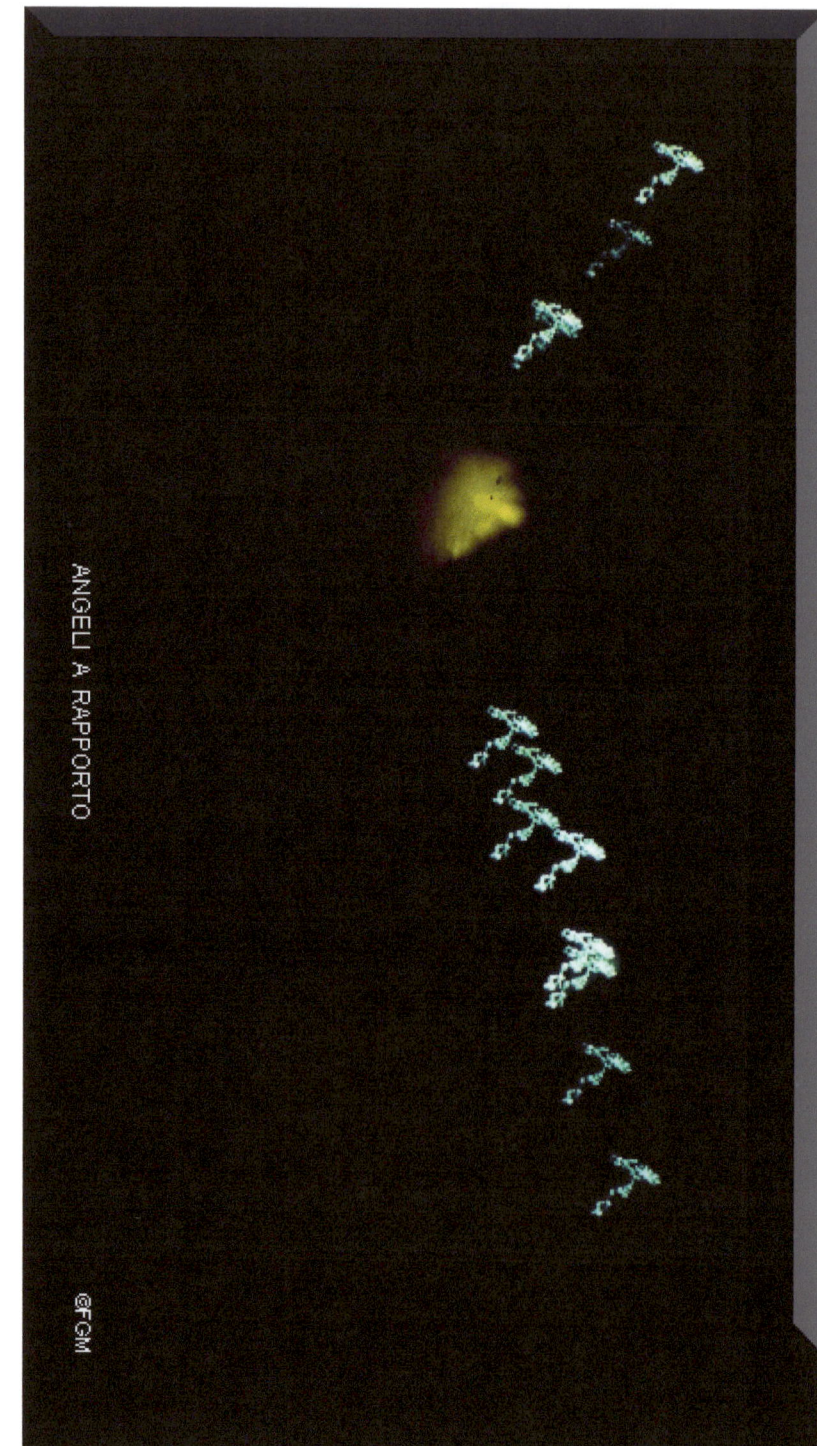

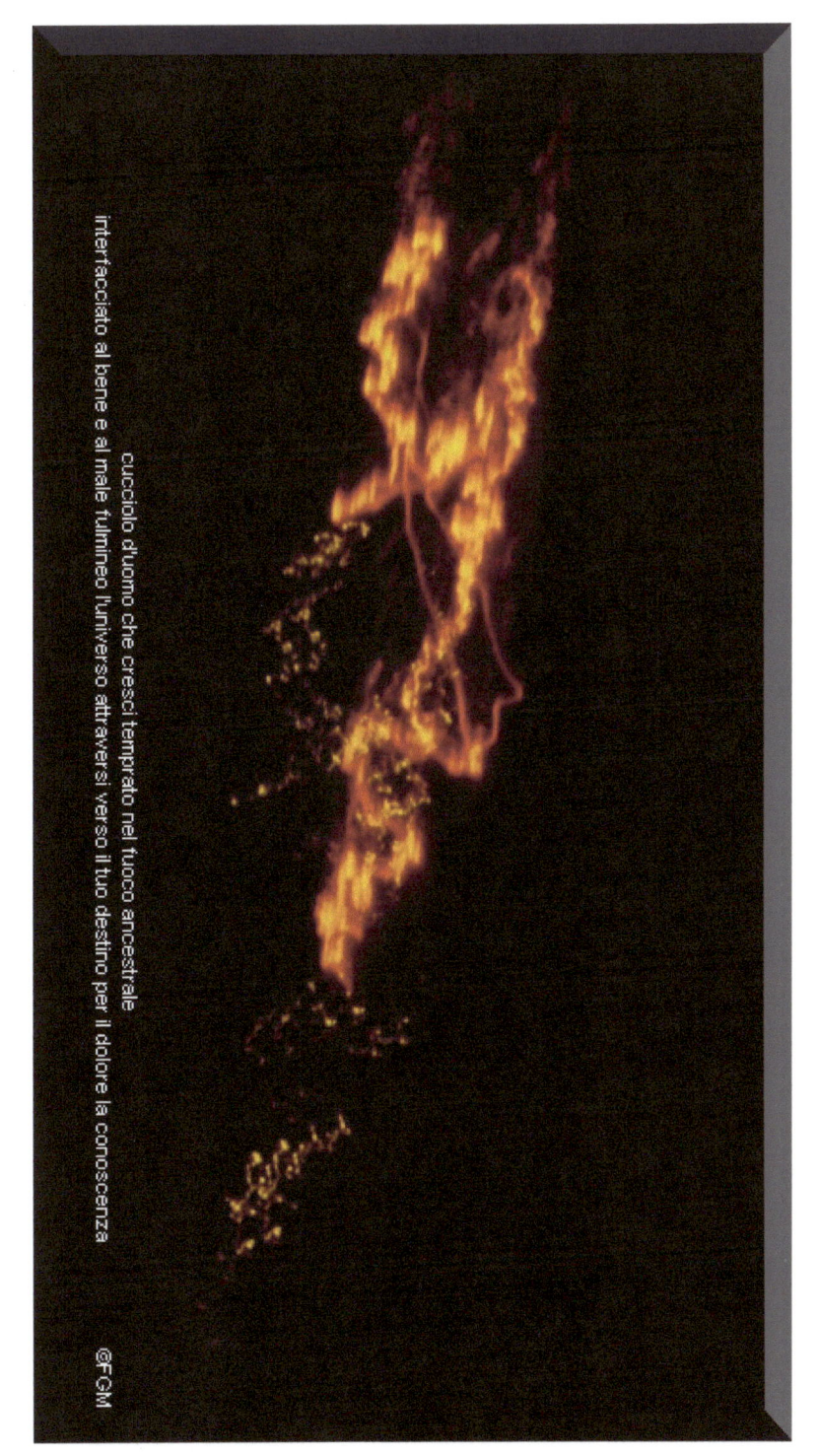

cucciolo d'uomo che cresci temprato nel fuoco ancestrale
interfacciato al bene e al male fulmineo l'universo attraversi verso il tuo destino per il dolore la conoscenza

©FGM

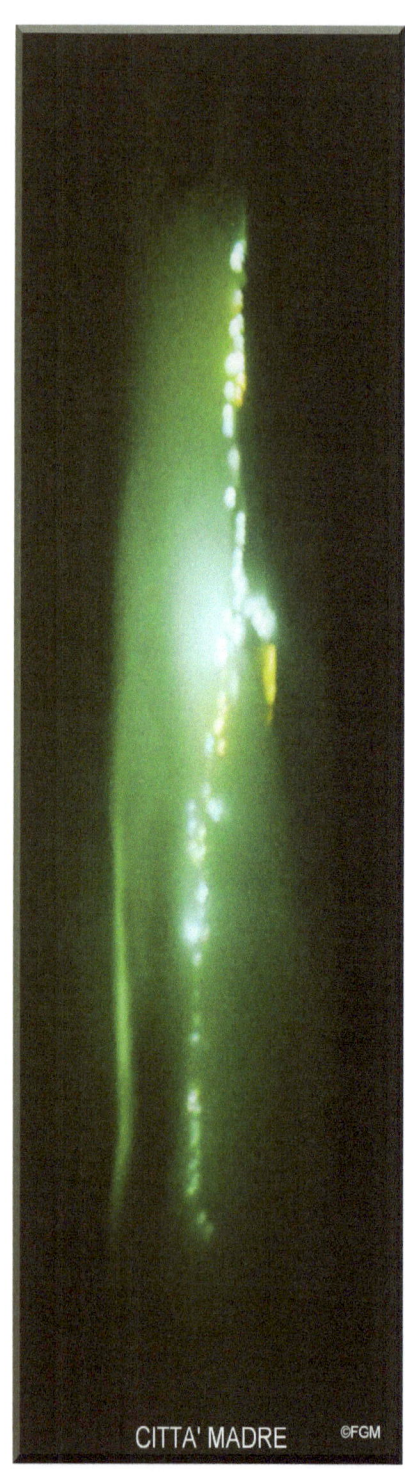

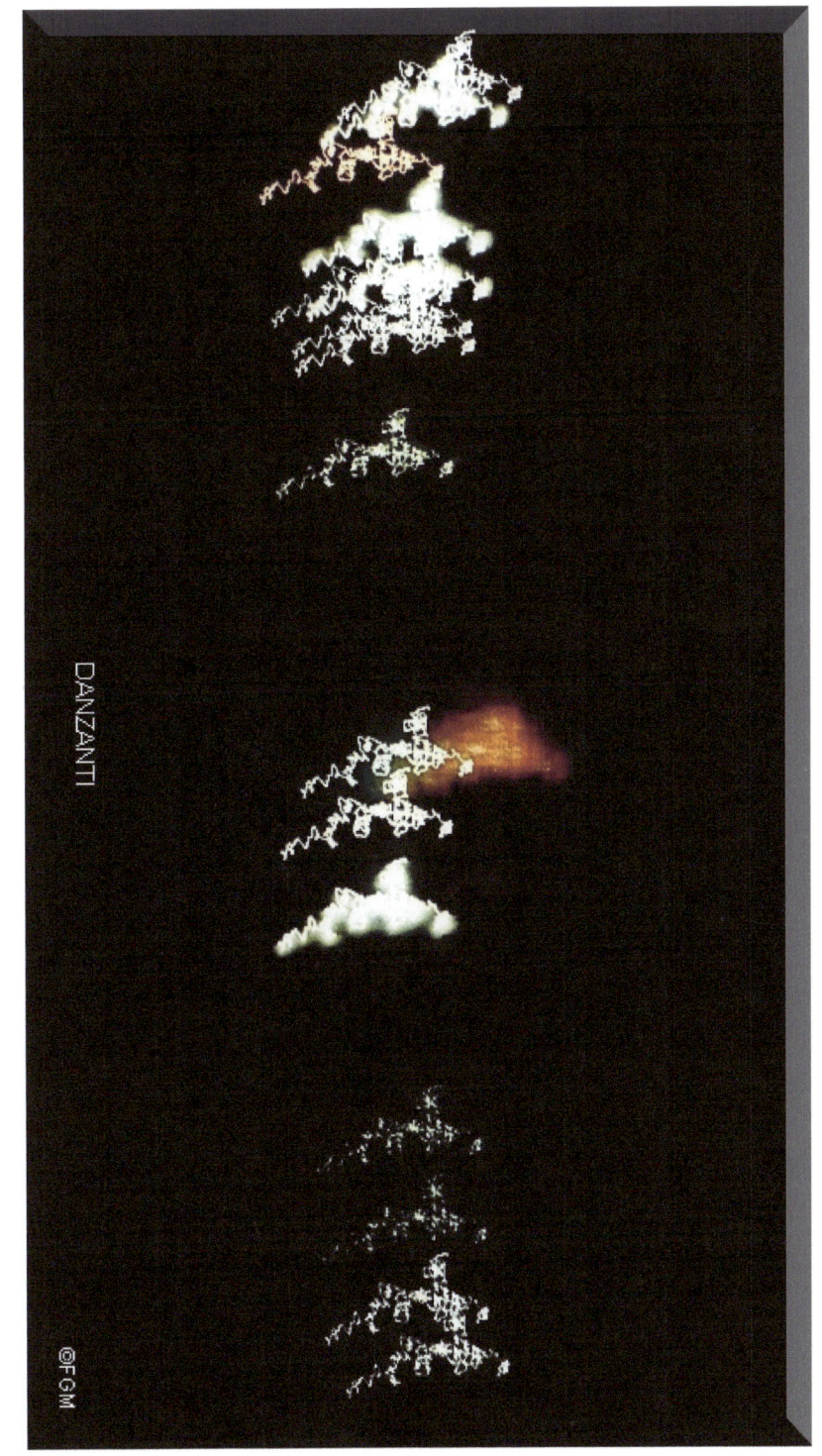

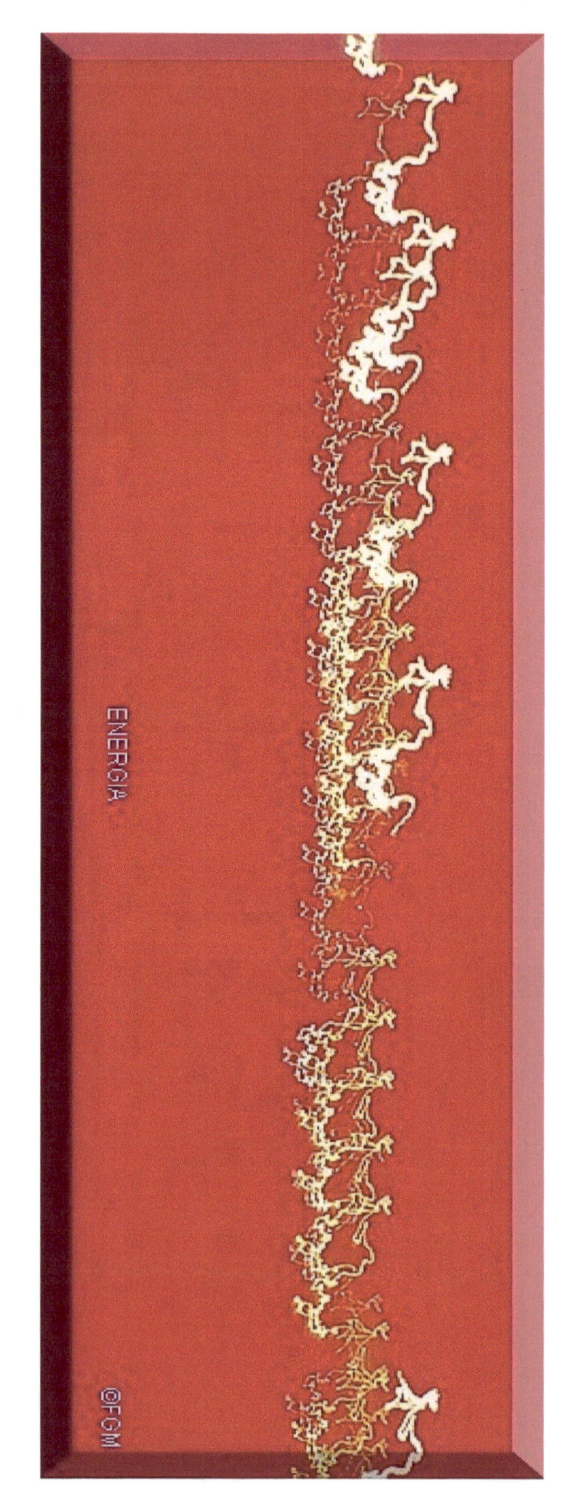

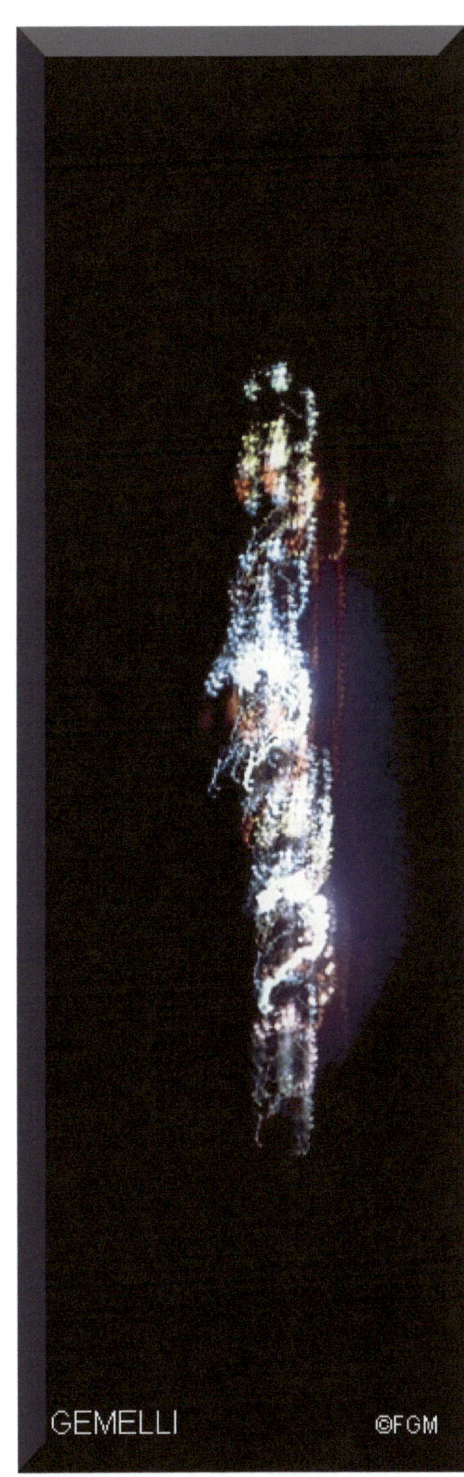

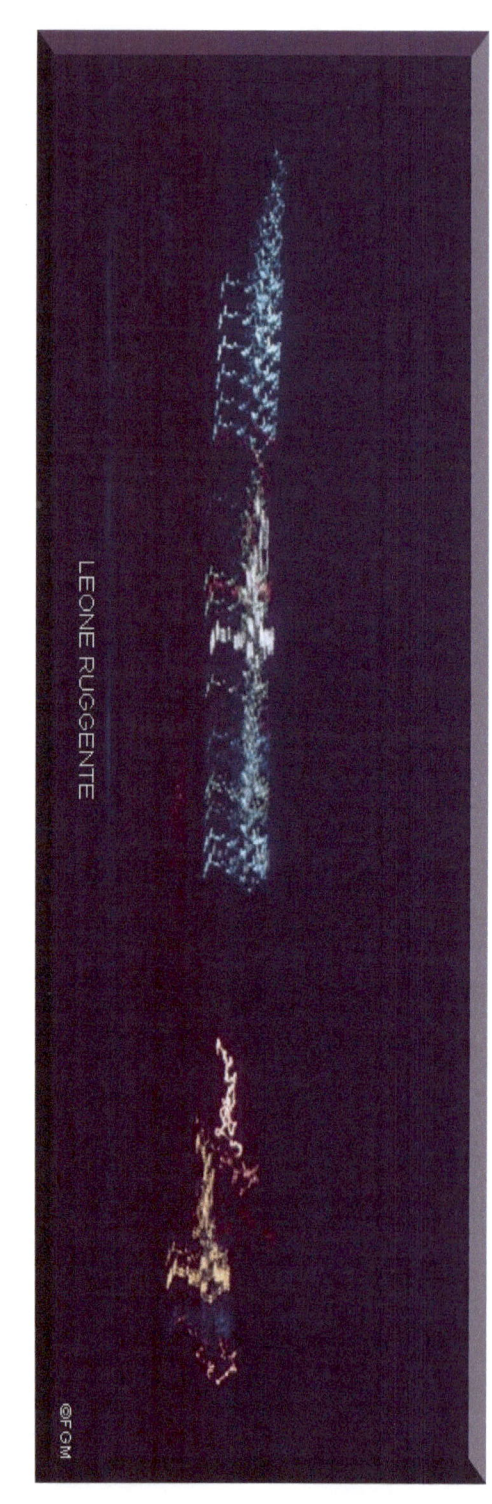

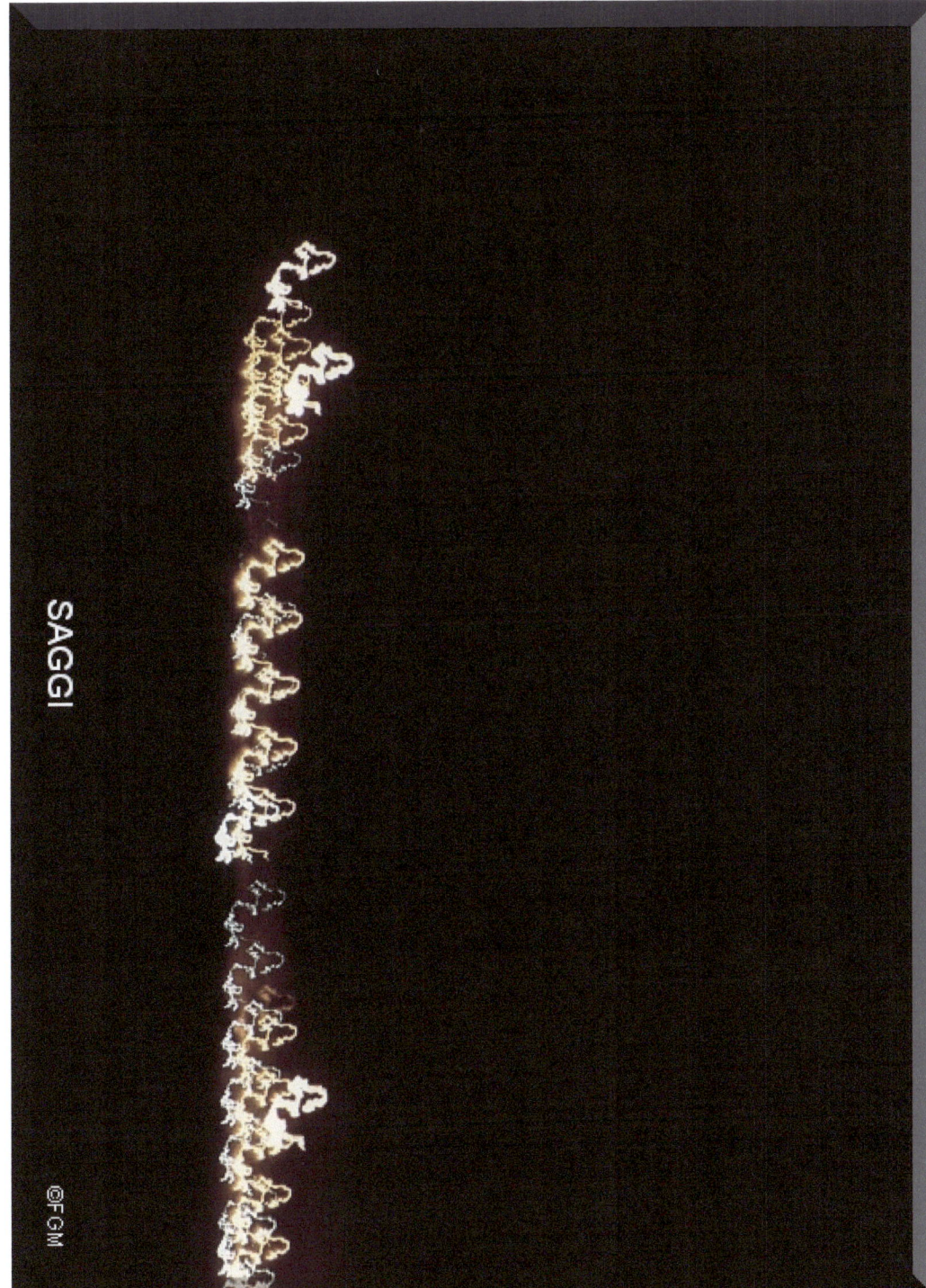

SAGGI

©FGM

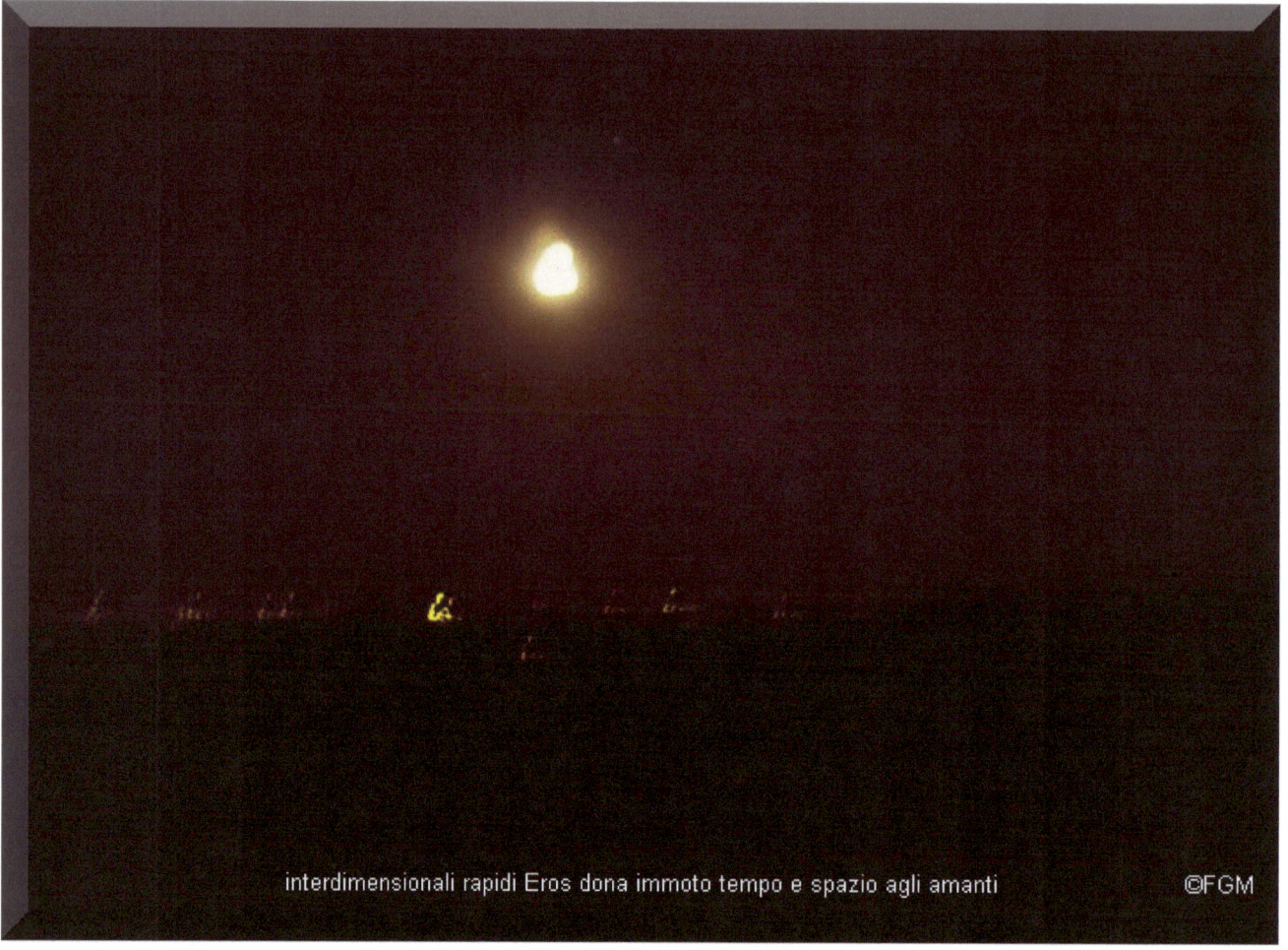
interdimensionali rapidi Eros dona immoto tempo e spazio agli amanti

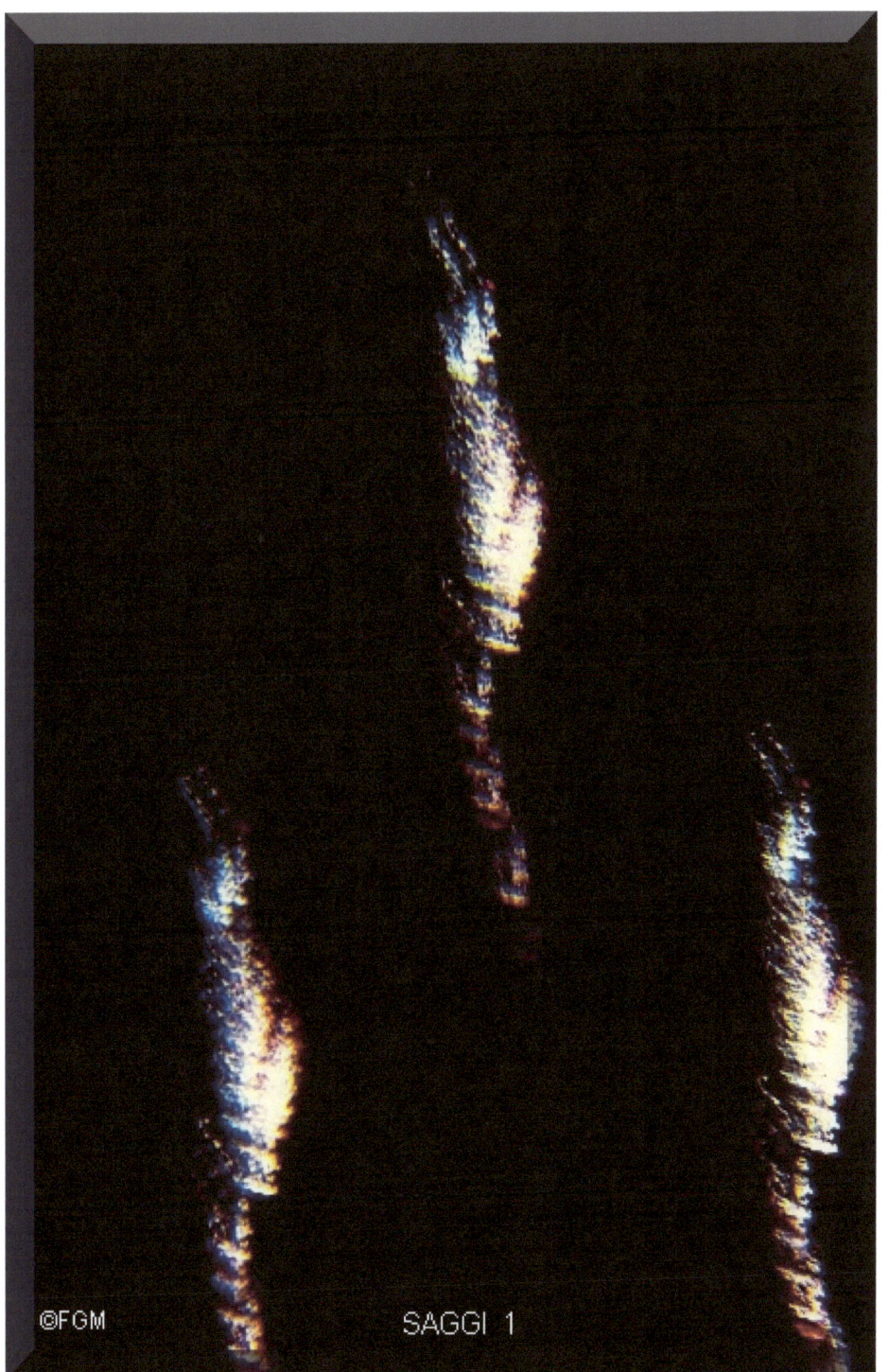

SAGGI 1

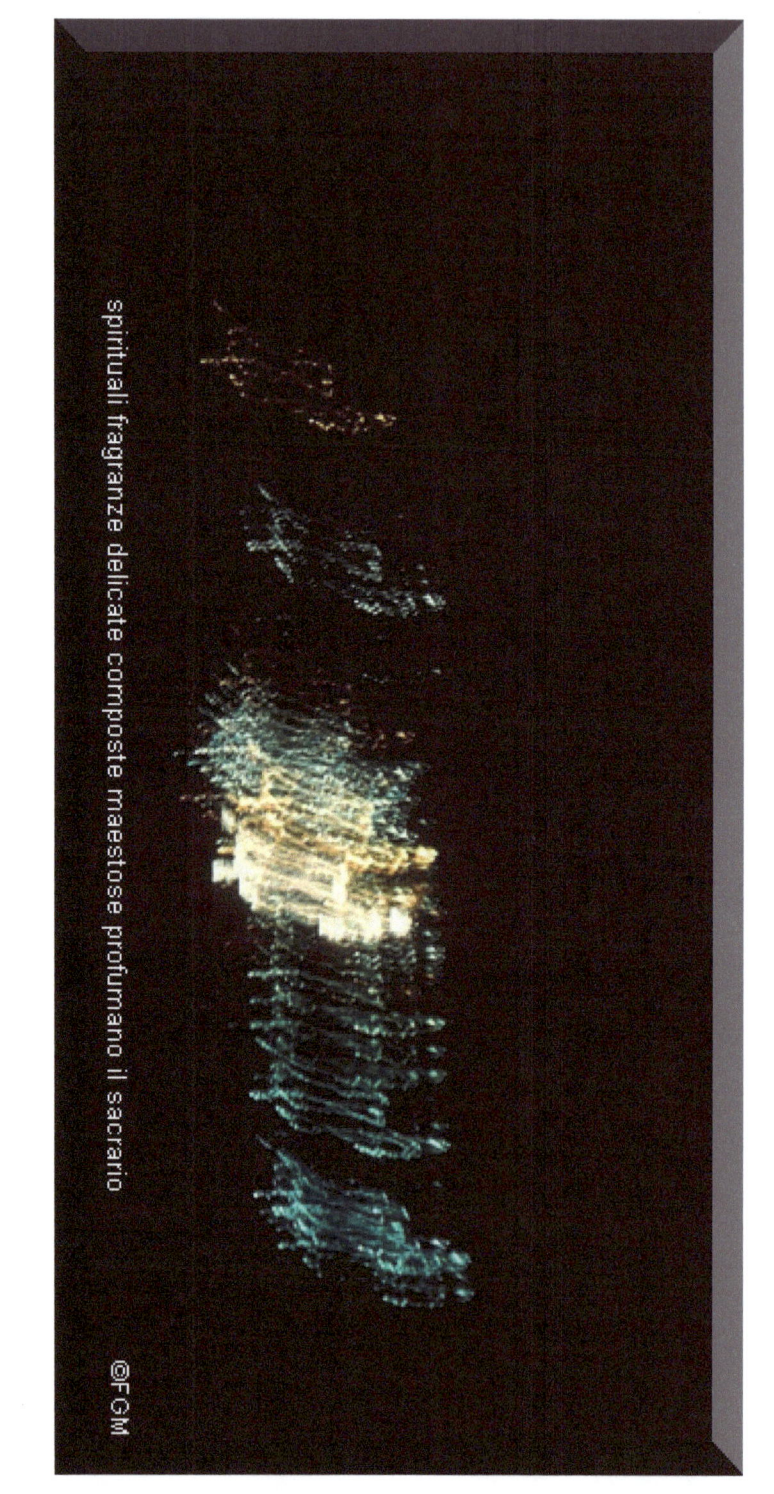

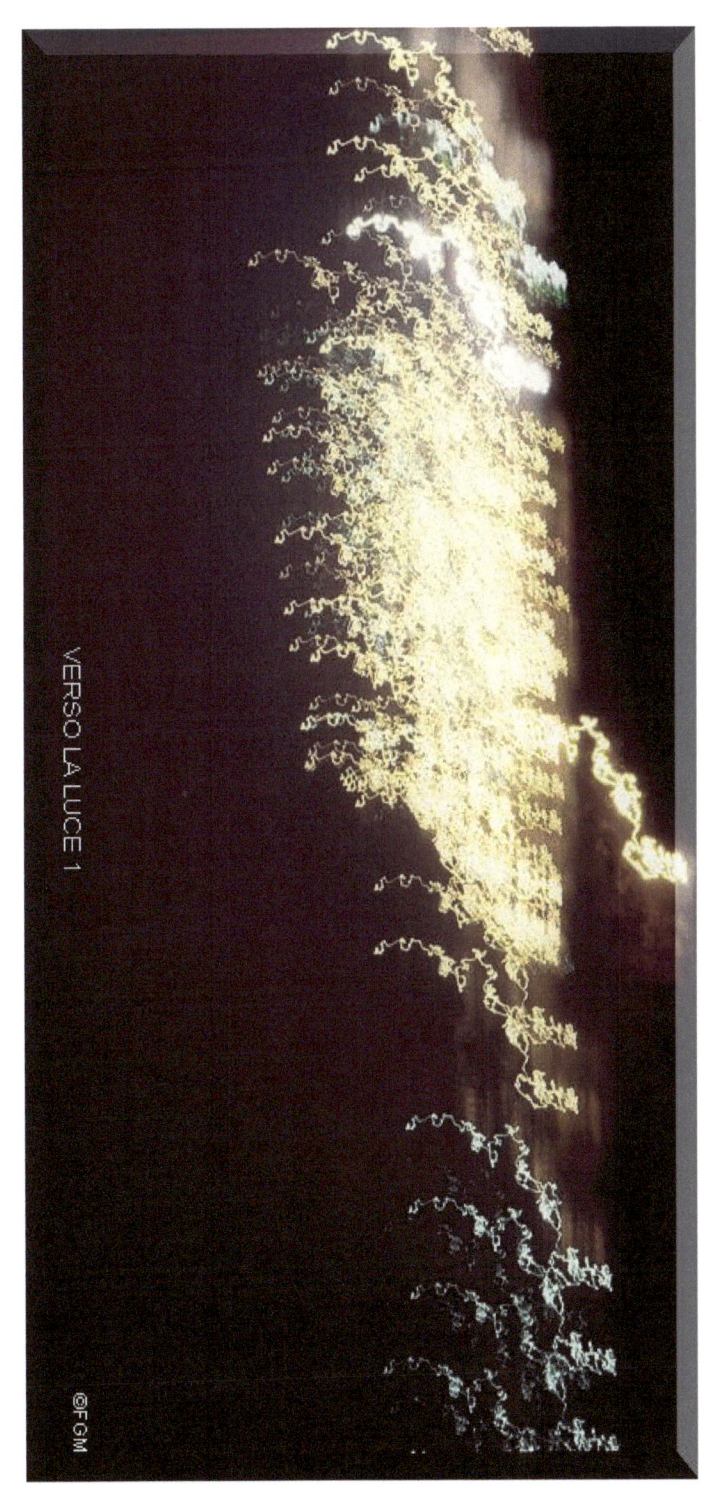

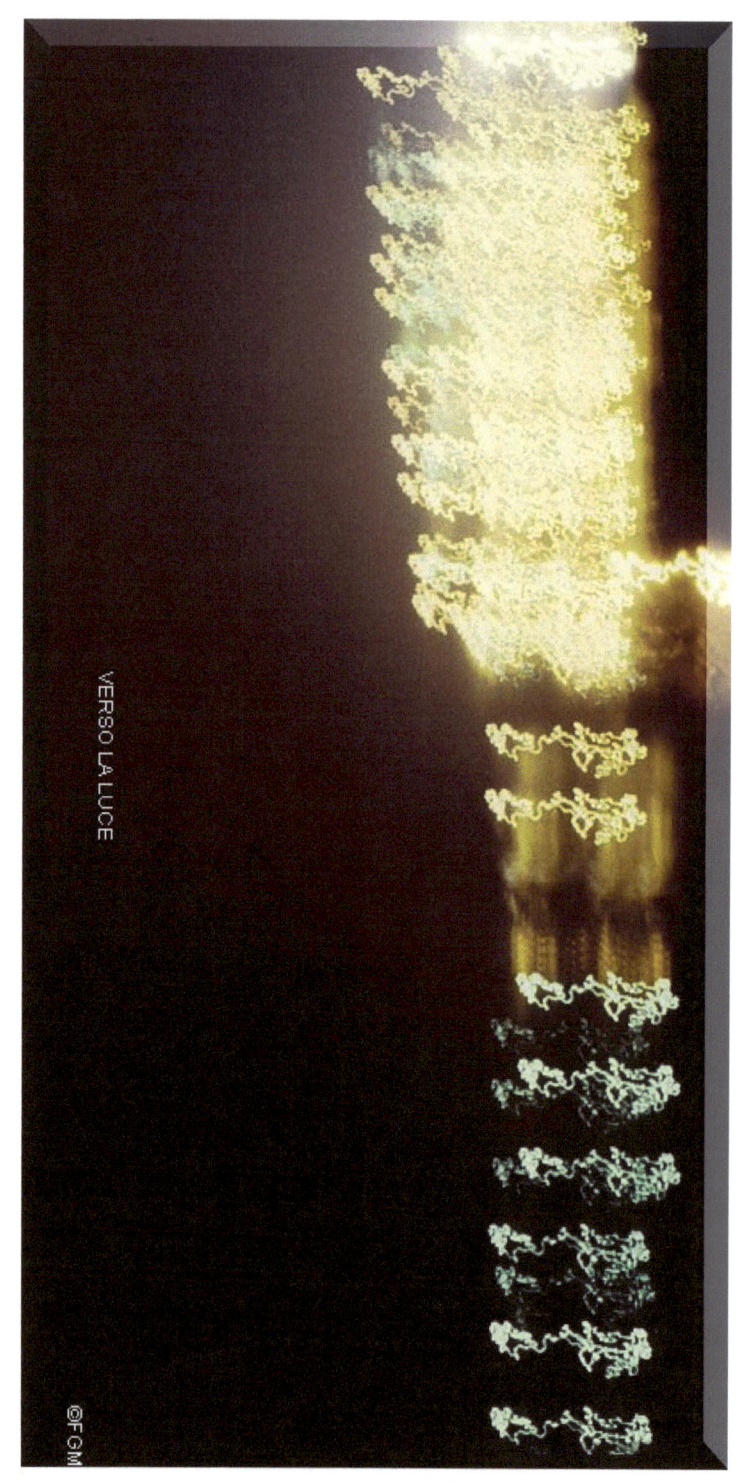

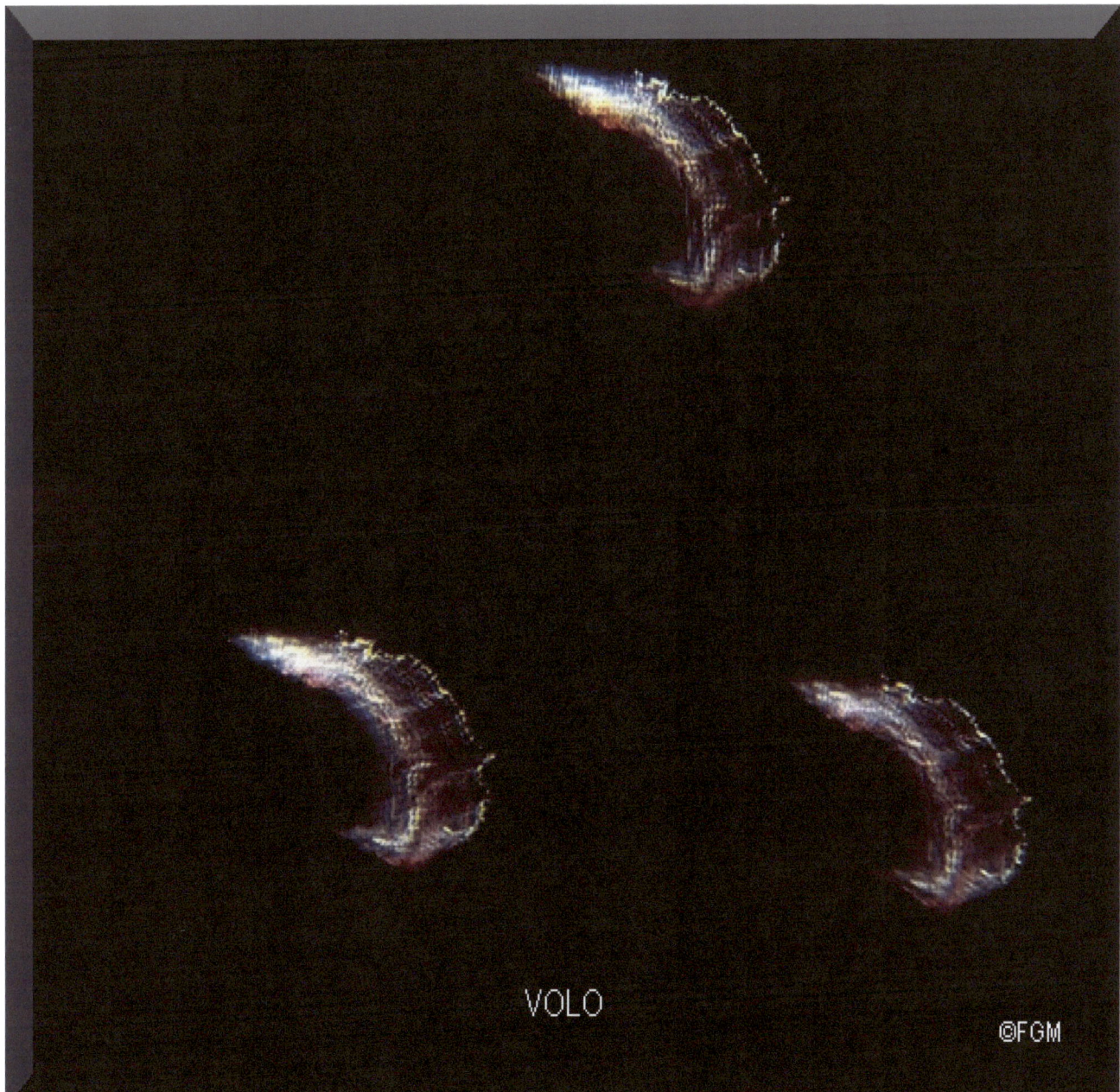

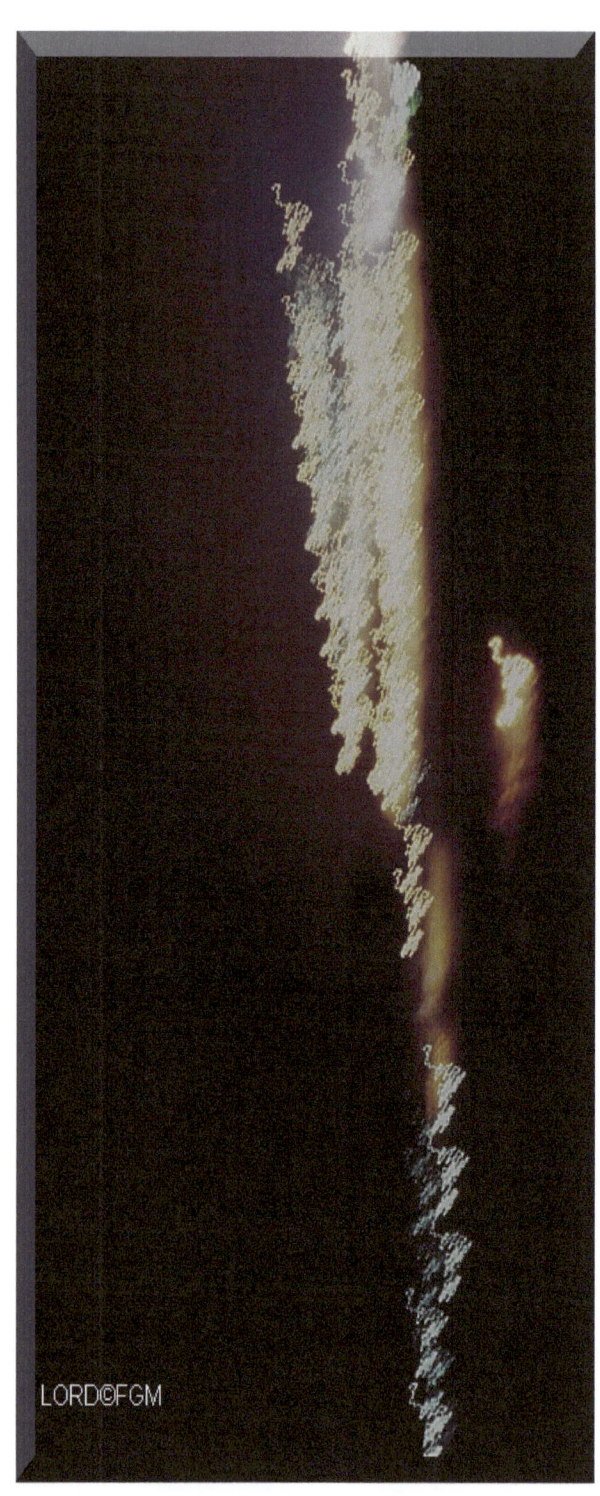

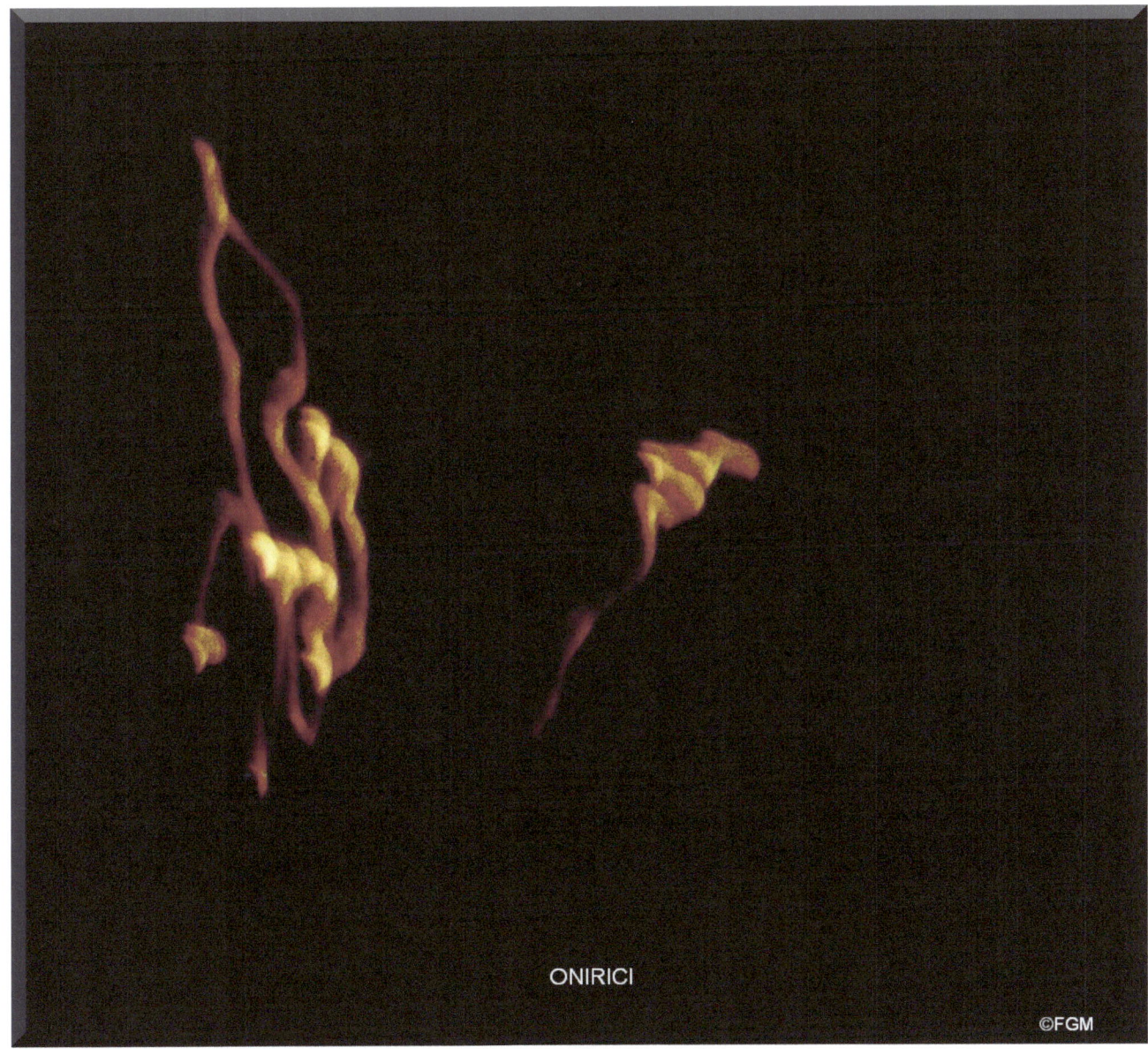

ONIRICI

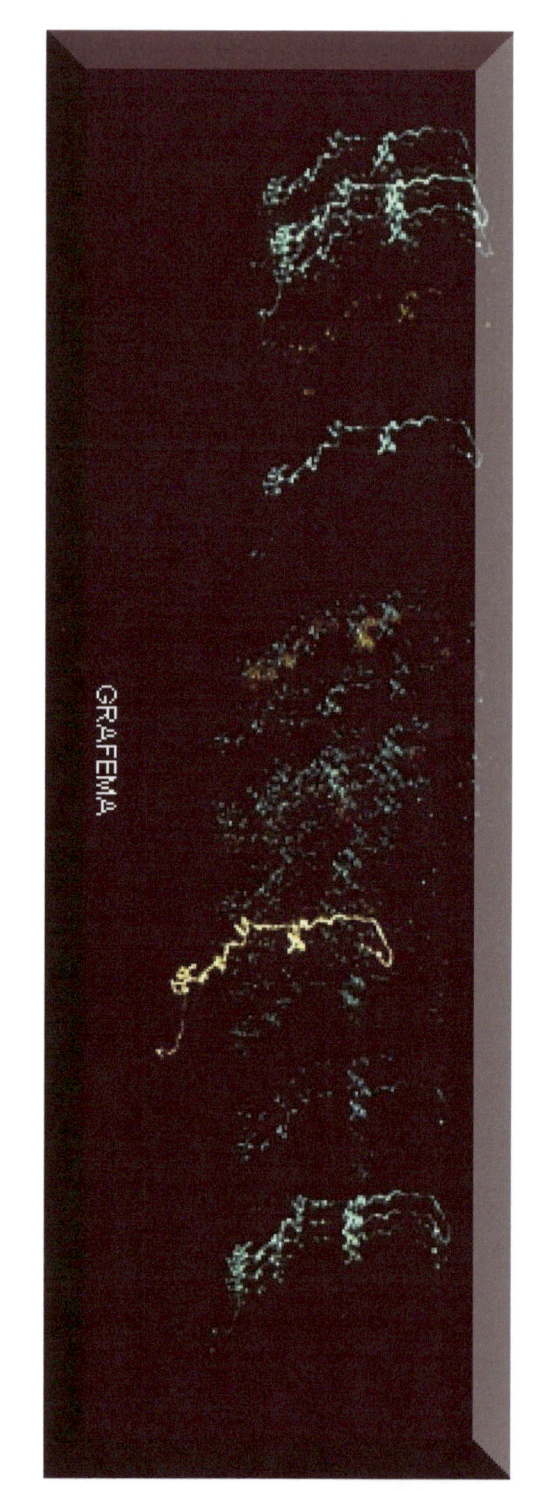

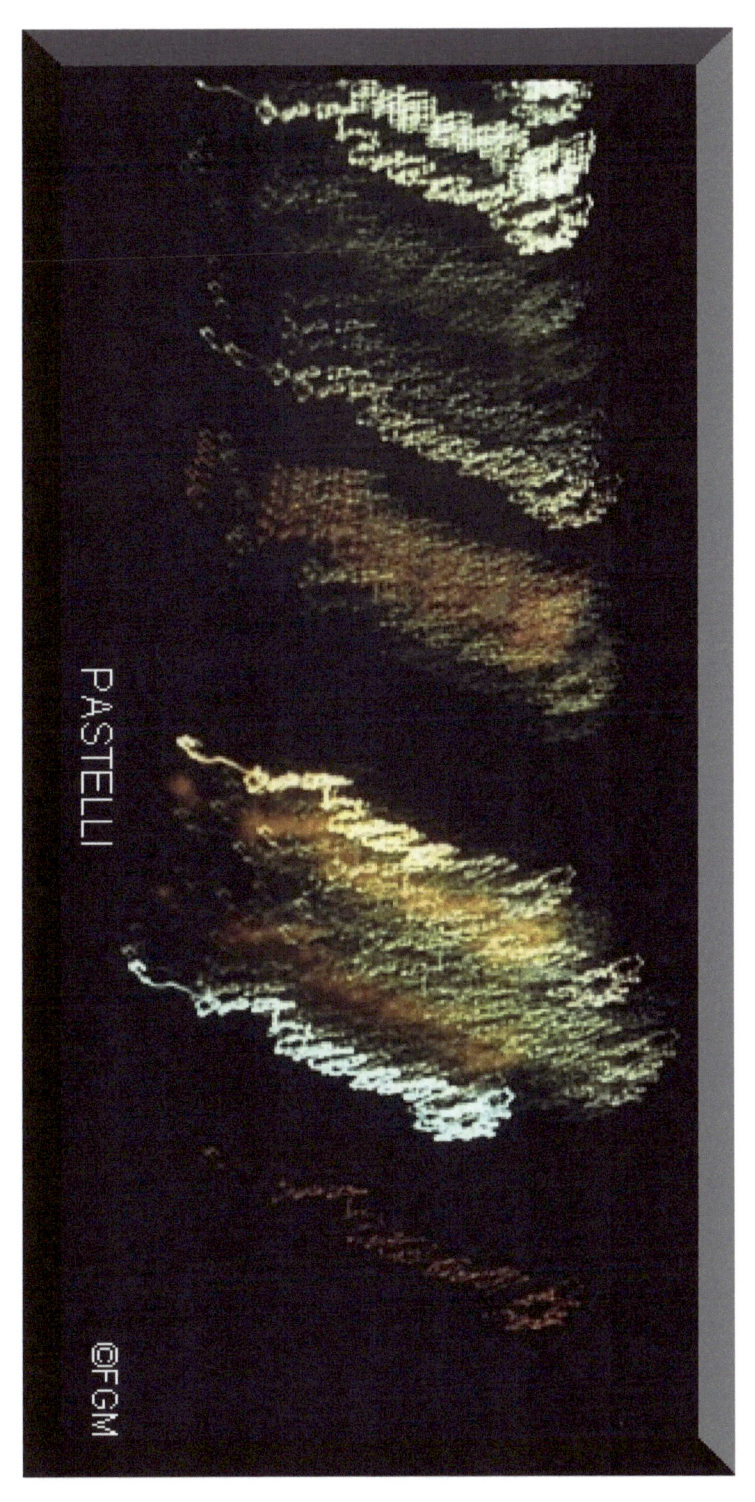

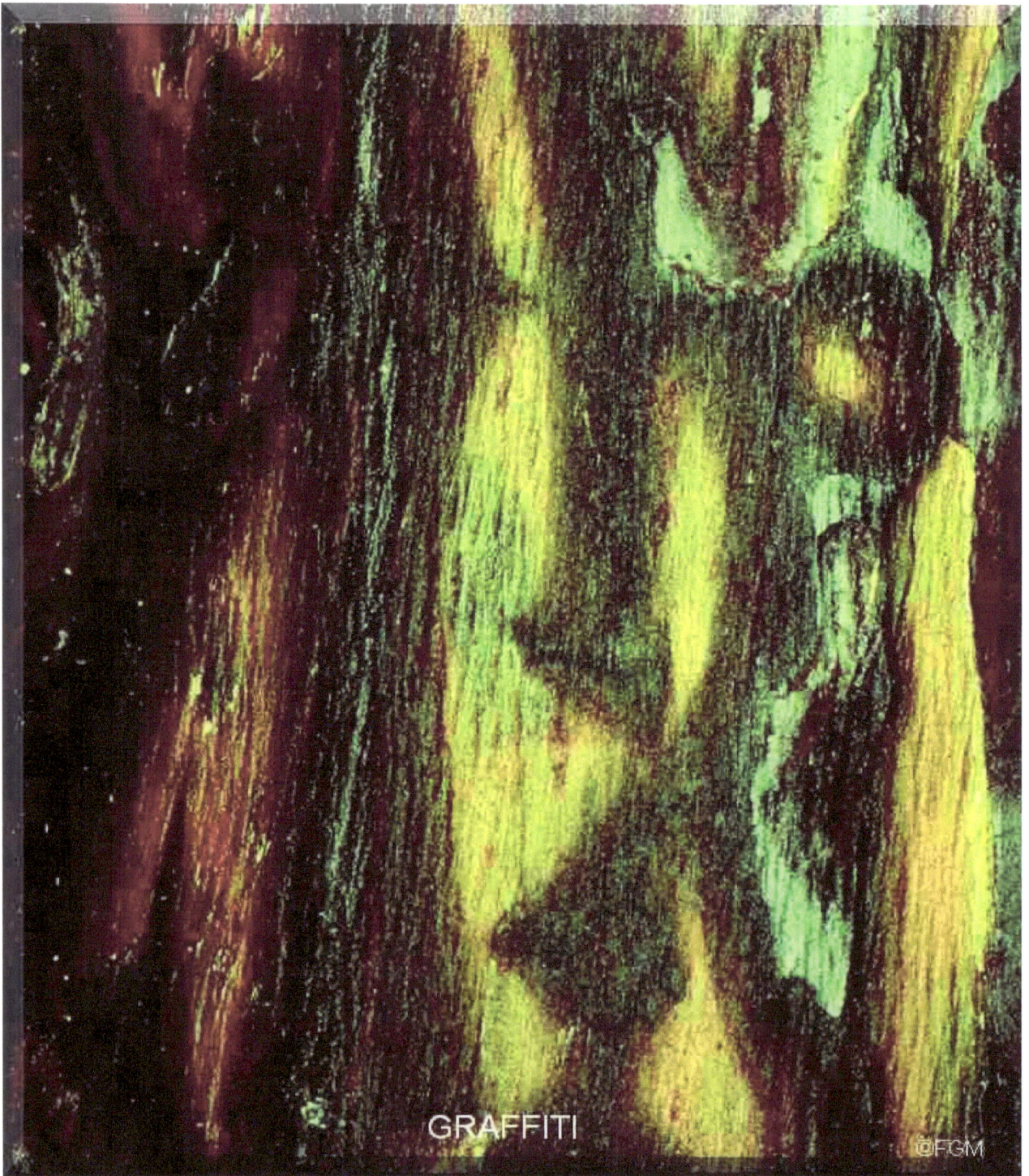

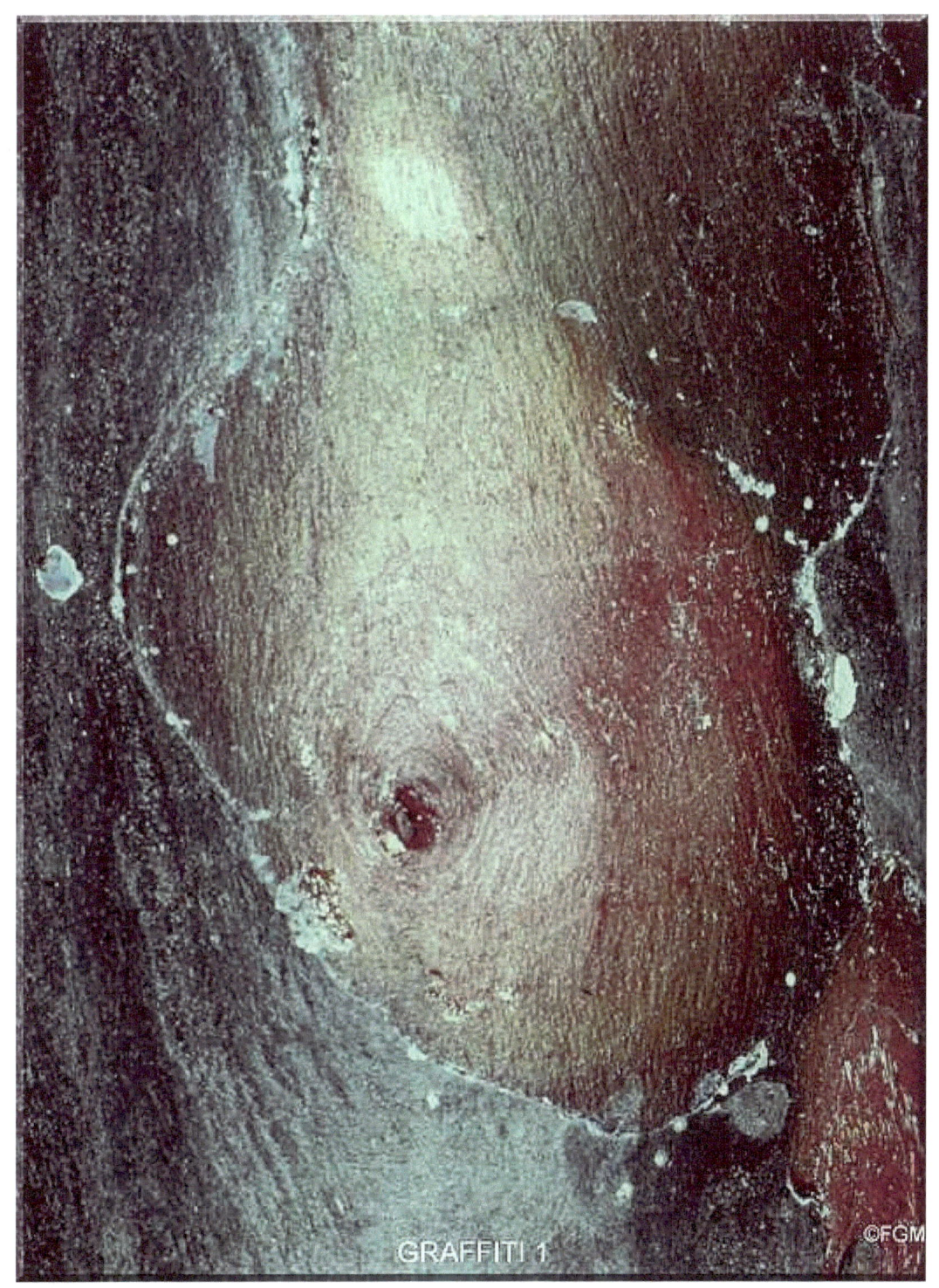
GRAFFITI 1

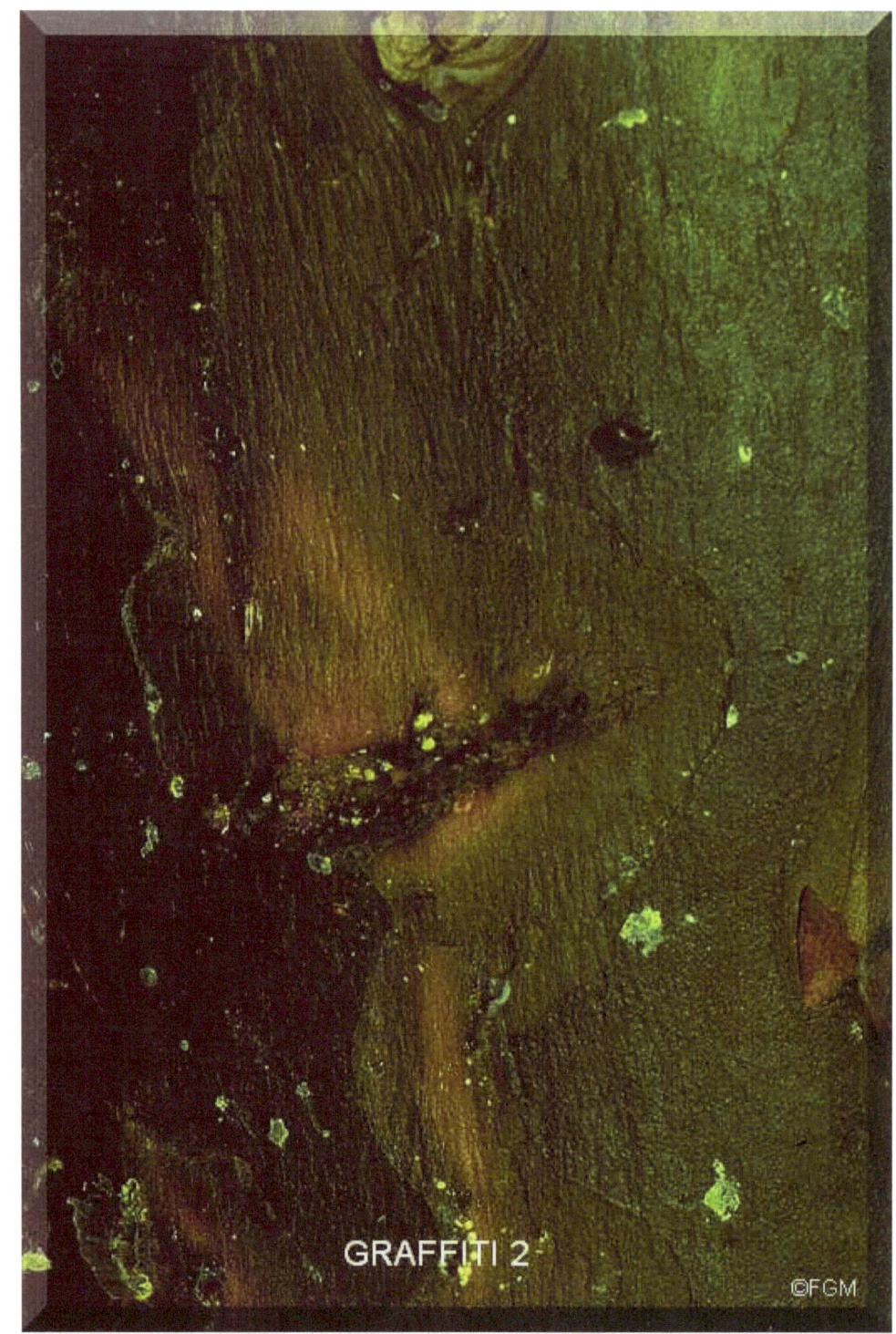

GRAFFITI 2

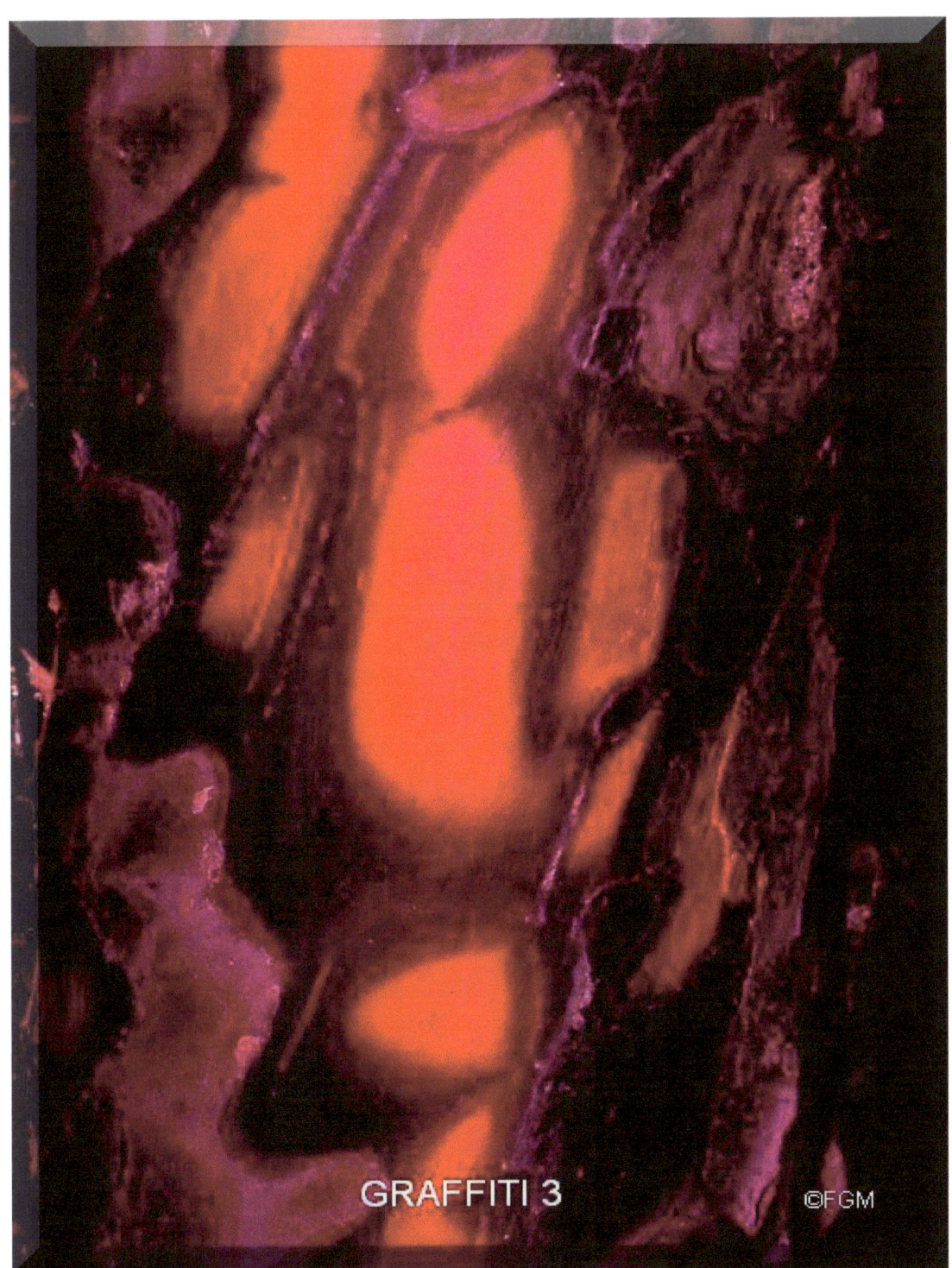

GRAFFITI 3 ©FGM

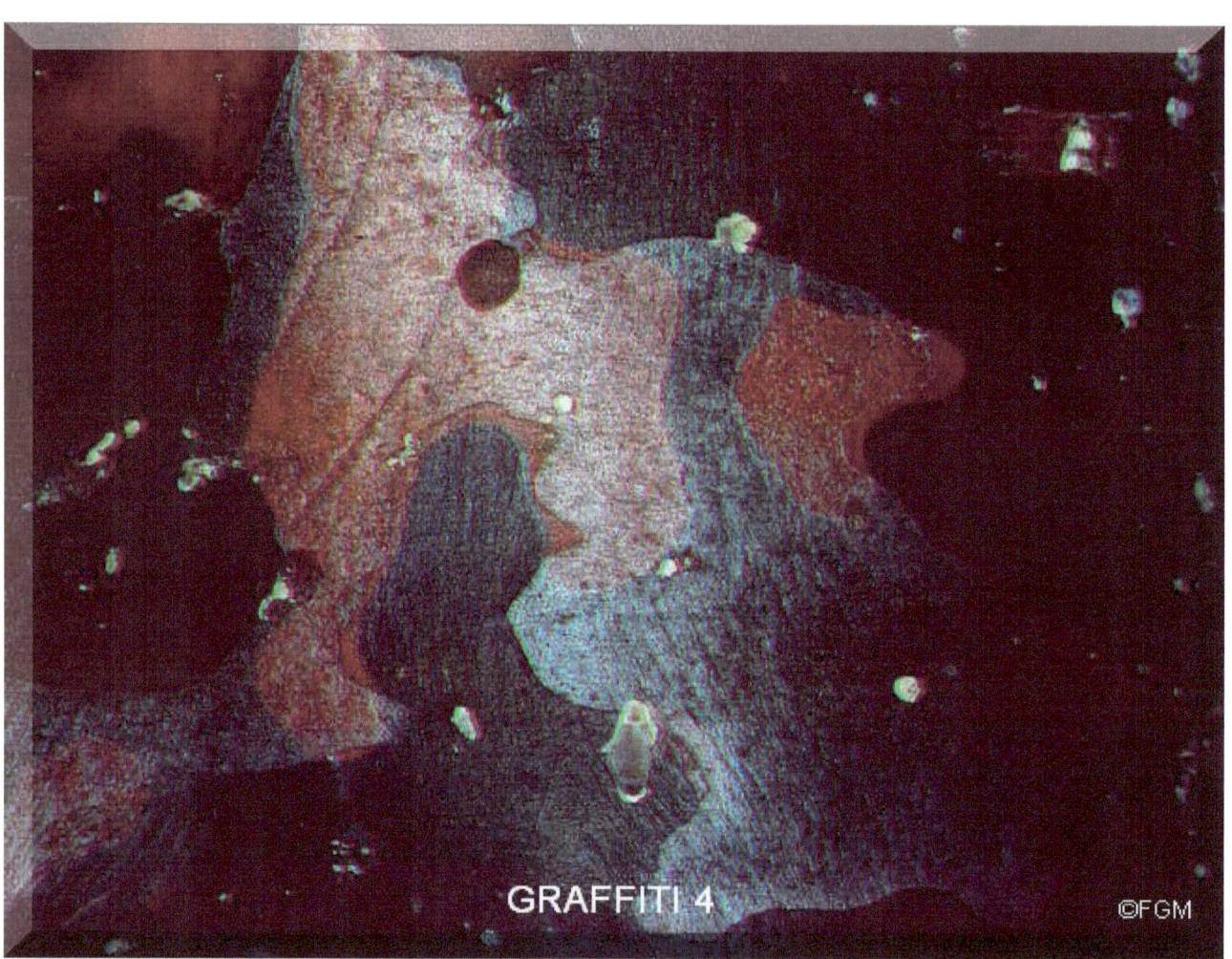

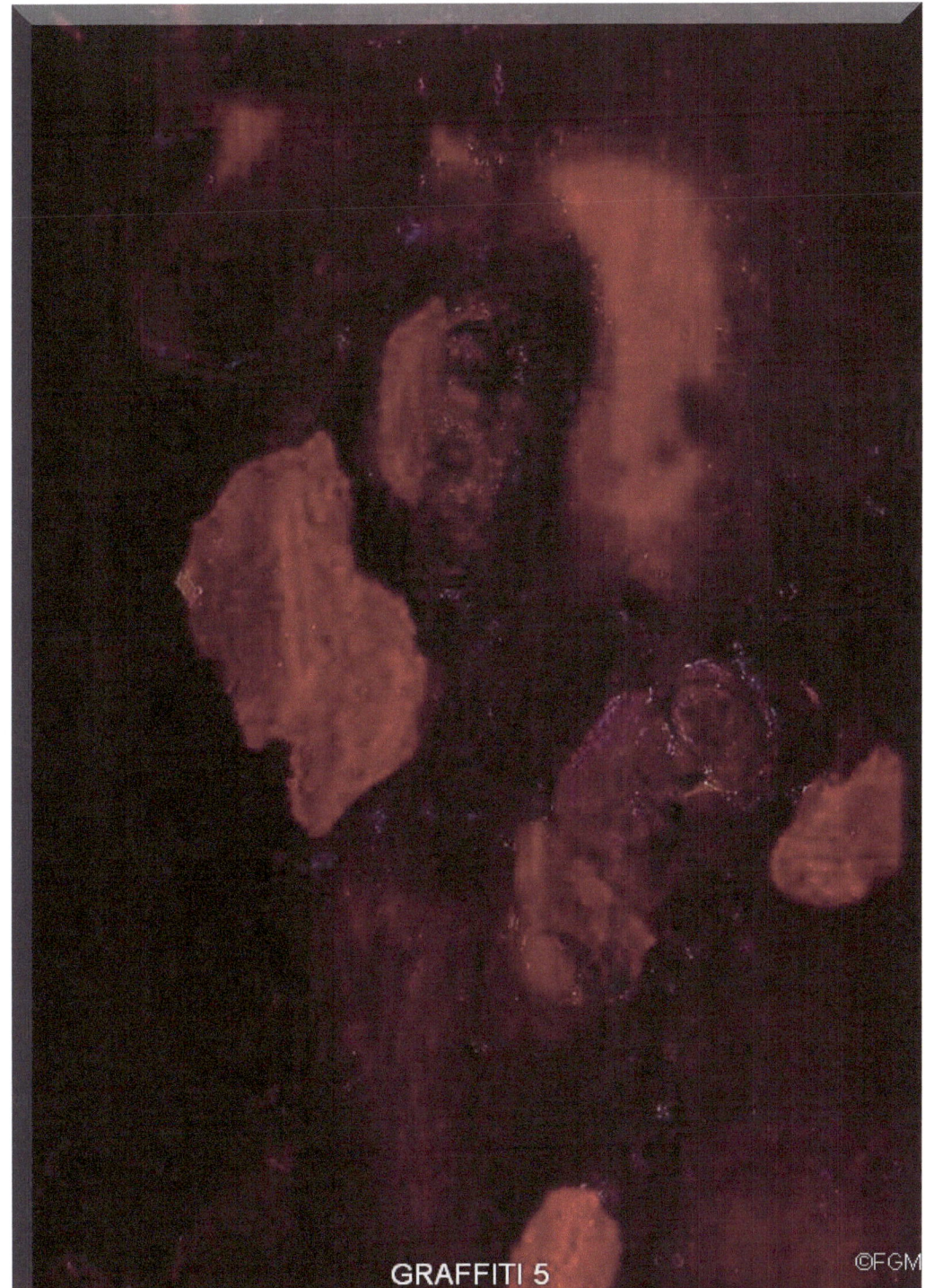
GRAFFITI 5

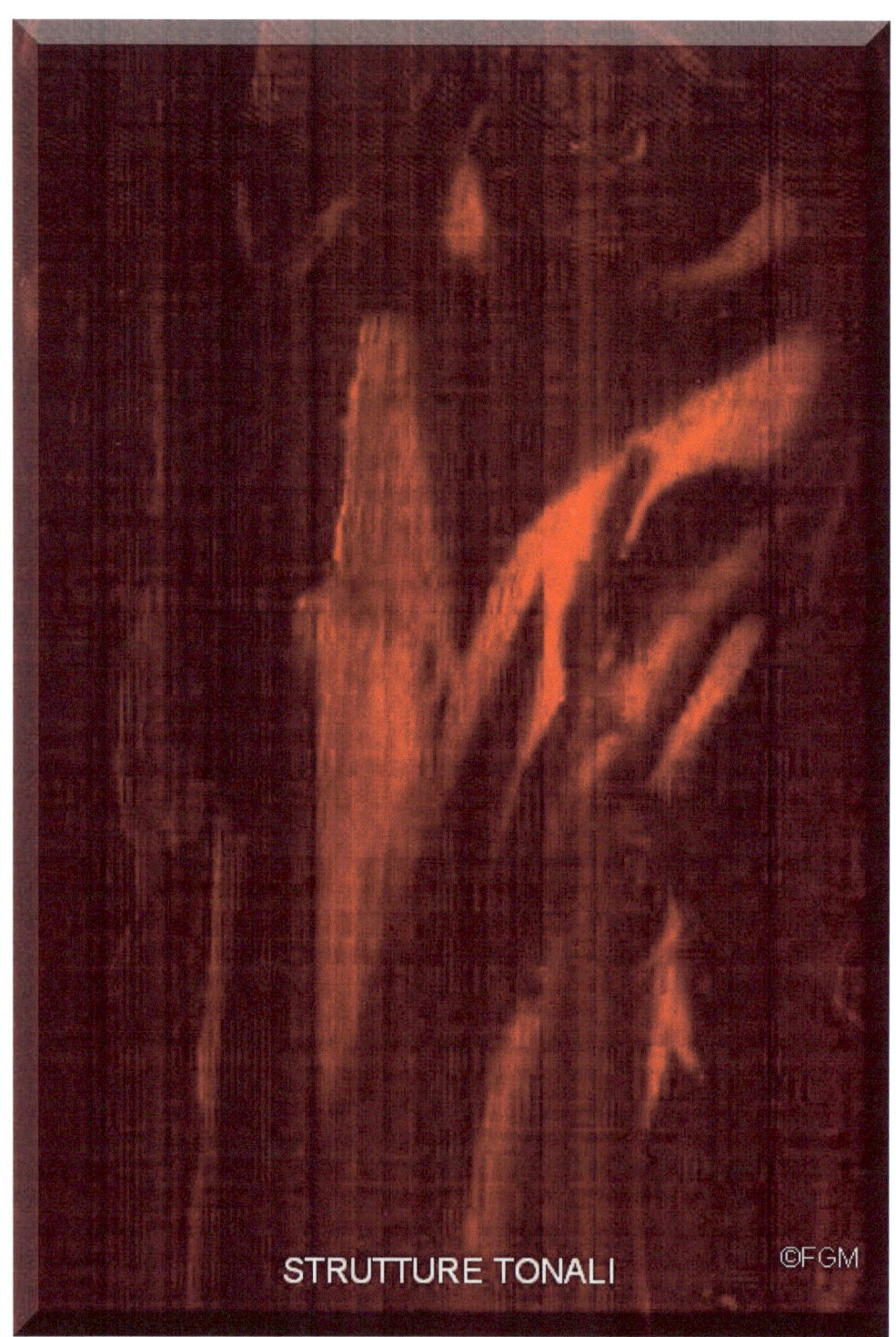

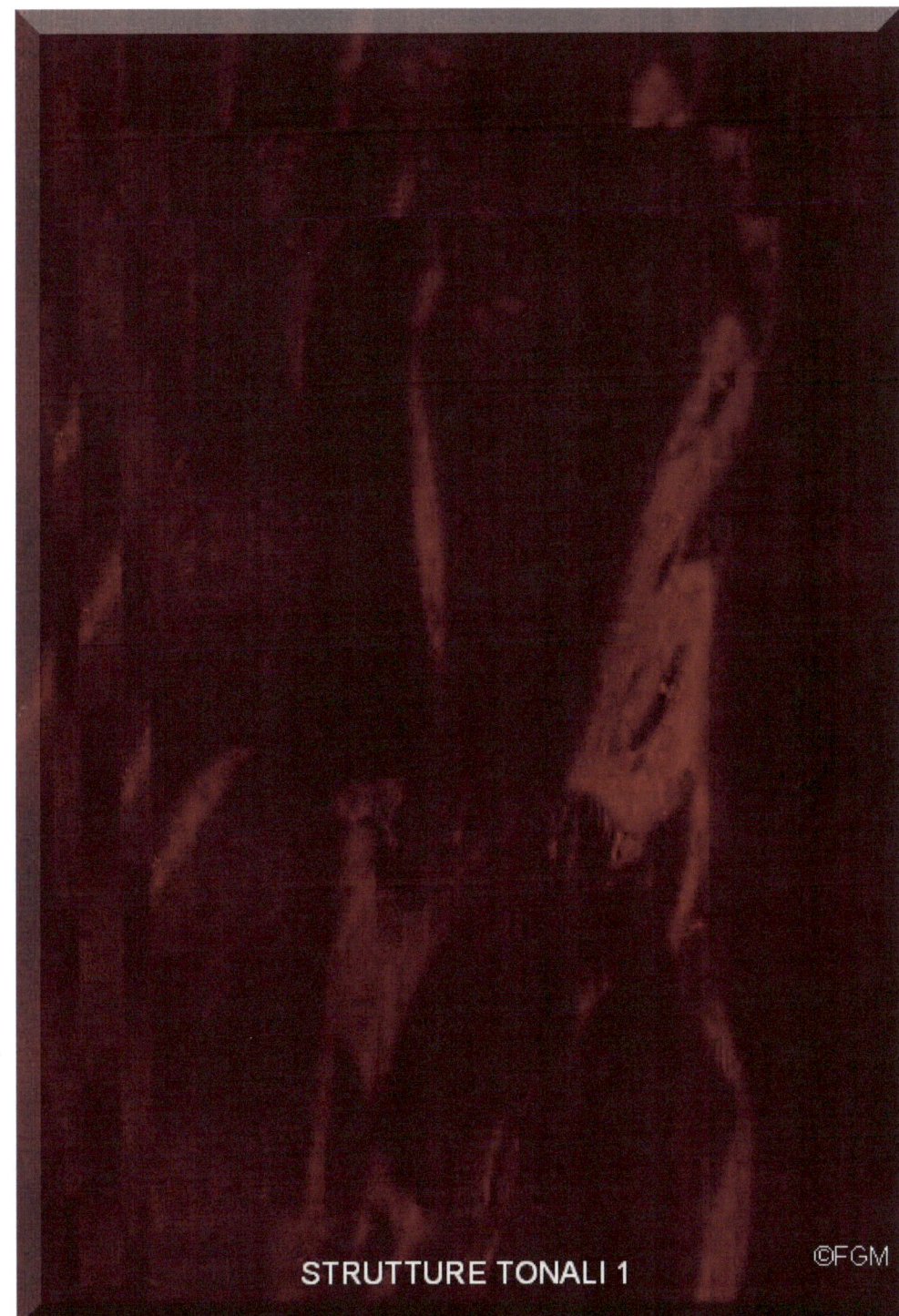
STRUTTURE TONALI 1

STRUTTURE TONALI 2

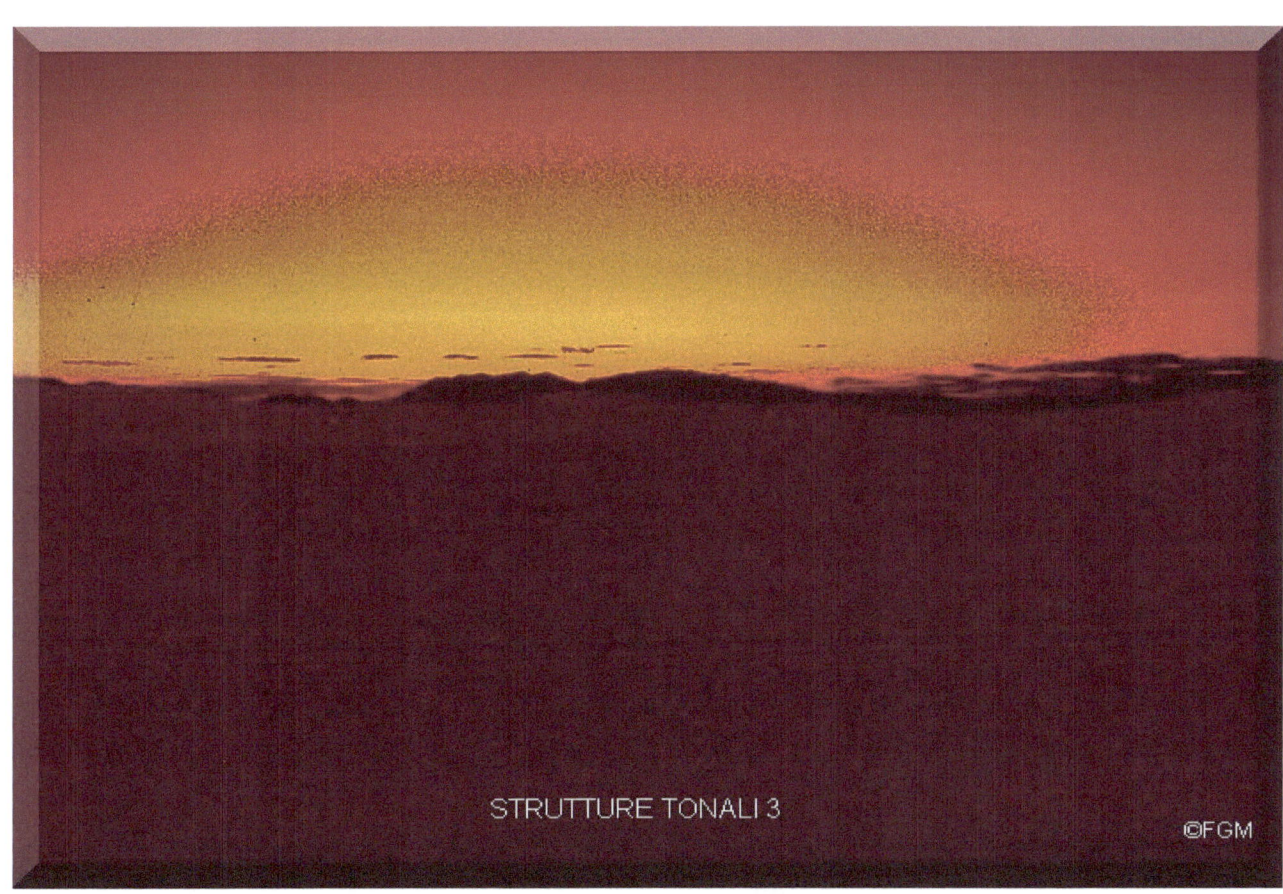

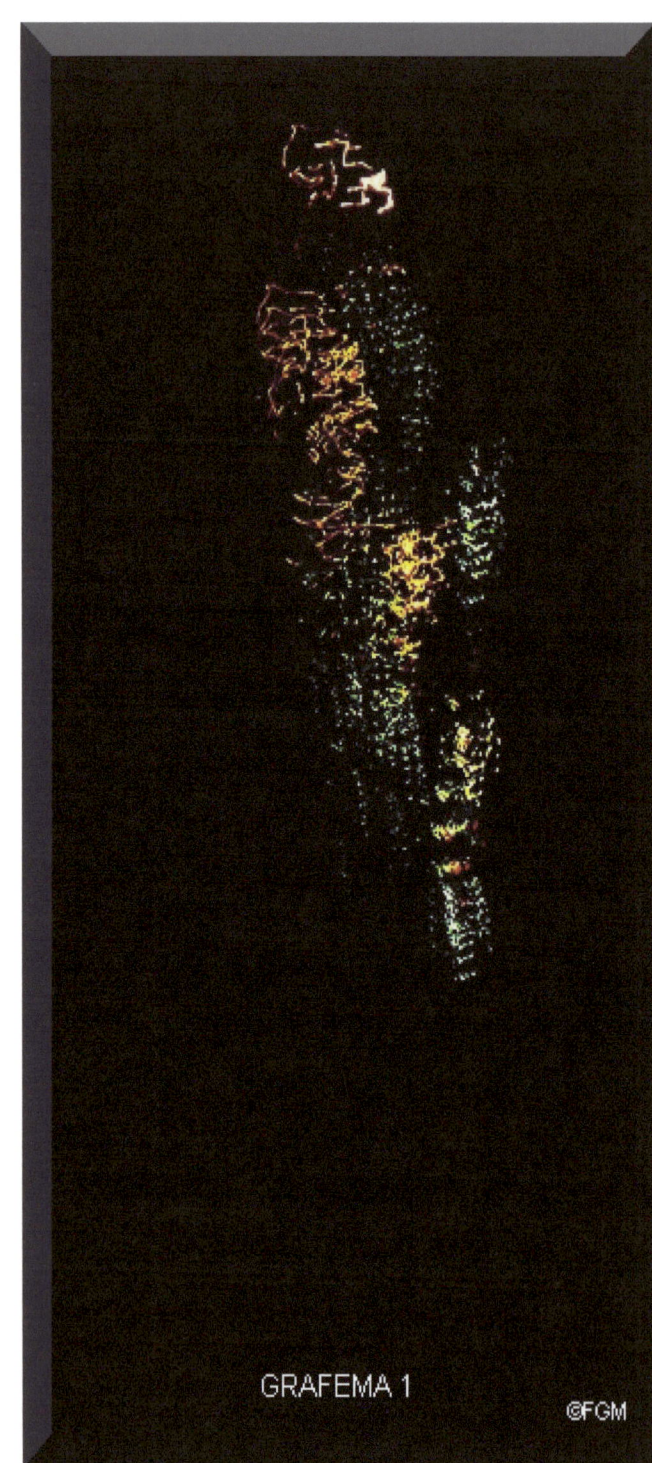

GRAFEMA 1

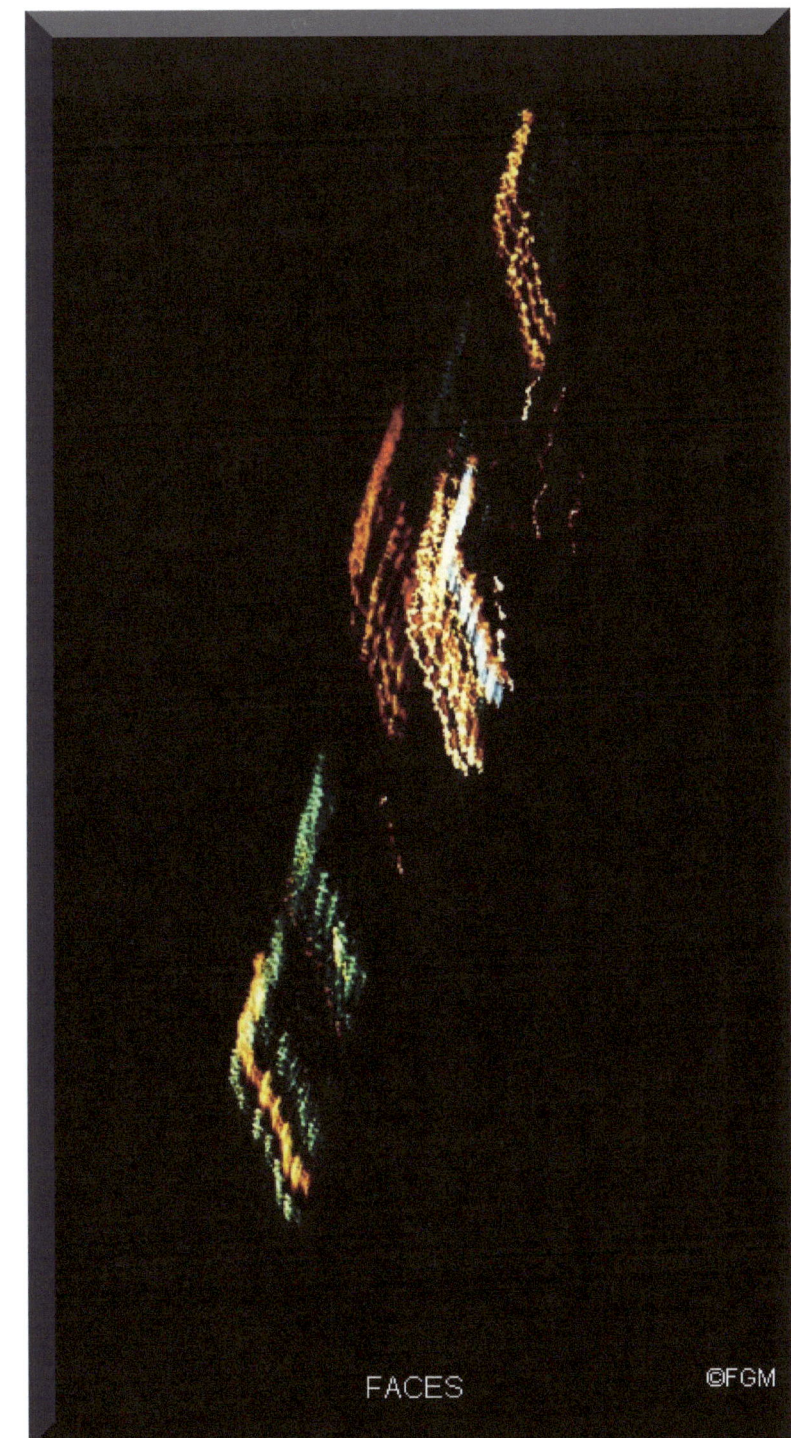

FACES ©FGM

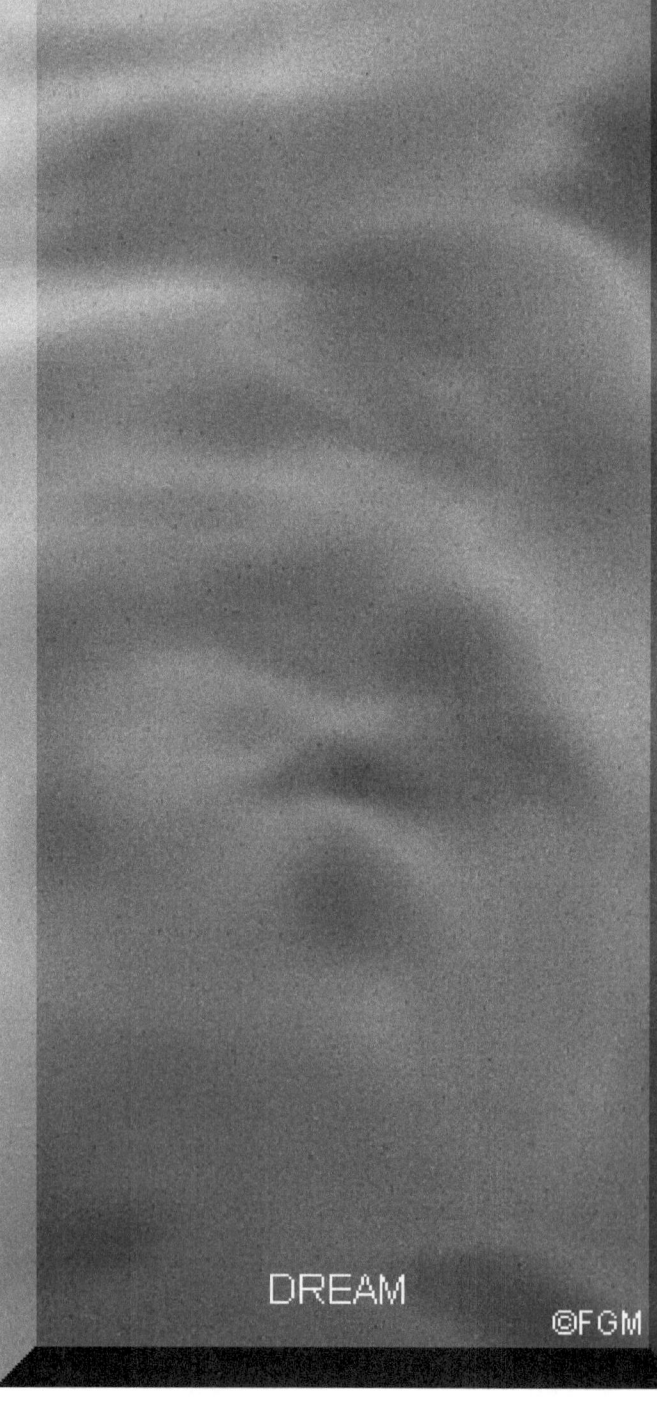

www.ingramcontent.com/pod-product-compliance
Lightning Source LLC
Chambersburg PA
CBHW040450220526
45473CB00004B/1590